シナリオつき

保健指導《小学校編》
おたすけパワーポイントブック３

書きかえも自由自在

はじめに

　2012年7月に『保健指導おたすけパワーポイントブック《小学校編》1』を、2013年2月に『保健指導おたすけパワーポイントブック《小学校編》2』を上梓してから5年あまりがたちました。この間多くの方にご活用いただき、この度第3弾を発行する運びとなりました。
　本書では、前著で取り上げることができなかった題材に加え、現代的な健康課題や保健学習の内容から今求められていると思われる題材について、全部で18項目を厳選しました。
　まずは、本書の特徴や利用の仕方、作成への思い等について改めて述べさせていただきます。

1．パワーポイント教材について

　近年、学校では、パソコンやプロジェクターなどの視聴覚機器の整備が進み、パワーポイントを使って保健指導を行う養護教諭が増加しています。私の最後の勤務先は、児童数約1,300人の超大規模校で、年5回の体重測定時には、3人の養護教諭が低・中・高学年に分かれ、私が作成したパワーポイント教材を学年に応じた表現に一部変更して保健指導を実施していました。
　パワーポイントを使用する利点として、
・パソコンさえあれば、場所を取らず、どこでも作成でき、変更・保存が容易である。
・作成したパワーポイント教材は紙芝居や掲示物、保健便り、劇やビデオにも活用できる。
・写真やイラスト、グラフなどが表示でき、児童の視覚に訴え、興味関心を引きやすい。
・アニメーションやサウンドを追加することで、刺激的な指導が可能になる。
・作成枚数の工夫やリハーサル機能により決められた時間内で指導ができる。
・集団指導だけでなく、個別指導にも使用できる。
　一方、問題点として、
・指導が一方的になり、単調になってしまうことがある。
・文字数に限度があり、詳細表示ができないため、補足説明をする必要がある。
・スライドショーによる指導は、指導の振り返りや全体像の把握が難しい。
・知識理解中心の指導となりやすく、行動変容や実践化につなげる工夫が必要である。
などが考えられます。

　そこで、パワーポイントの利点を生かし、問題点を克服しながら、パワーポイント初心者には、そのまま使って指導ができる、またパワーポイント経験者には、作成時間を短縮し、自校の実態に応じた指導ができる書きかえ可能なパワーポイント教材を作成しました。
　このパワーポイント教材は、体重測定時などに実施する15分程度の保健指導で活用されることを想定しています。題材は、保健指導の王道ともいえる内容に厳選しつつ、発達段階を考慮して低・中・高学年で内容に広がりを持たせています。自由に補足や書きかえができるよう、できるだけ簡潔に作成しましたので、もしかしたら物足りなさを感じるかも

しれません。あえて薄味に仕上げていますので、自分好みの味付けで料理していただければうれしいです。なお、表記は該当する学年で学習する漢字までを使用し、まだ学習していない漢字には振り仮名をつけています。また、本書は、少年写真新聞社のインターネットサービス"SeDoc"のイラストと、今回新たに描き下ろしたイラストを活用して作成しました。

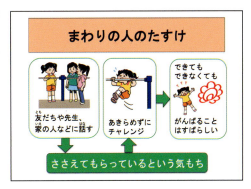

２．シナリオについて

　シンプルが命のパワーポイント教材は、補足説明が重要となります。また、年数回の短時間の保健指導で、十分指導の効果を上げたい養護教諭にとっては、教材以上にシナリオ作成に時間を要するものです。

　そこで、指導案の代わりに、指導の全体と詳細がともに把握でき、すぐに使っていただけるシナリオを添付しました。シナリオは、一方的になりやすい指導にメリハリをつけるため、15分の指導にも導入、展開、まとめを意識し、児童の発問や振り返りを促す発言を随所に入れ、健康への興味関心や実践への意欲を高めています。また、シナリオもできるだけ平易な表現にしています。低・中・高学年別の指導内容ですが、自校の実態に応じた学年で使用することも可能です。例えば、「わたしのこと、友だちのこと」「自分らしさってなに？」「なんて言ったらいいの？」についての指導は、教材やシナリオの表現を一部変更するだけで、ほかの学年にも対応できます。

　さらに、シナリオがあると、学級担任が保健学習の導入や補足に活用したり、児童委員会活動で劇をしたりすることも手軽にできます。

　本書では、各単元の後ろのページにシナリオを掲載していますが、CD-ROMでは、パワーポイントのノートの部分にシナリオを記載しています。シナリオを見ながらパワーポイントを変更したり、印刷の設定で、パワーポイントとシナリオを1枚のページでプリントしたりすることも可能です。

３．ワークシートについて

　短時間の保健指導とはいえ、児童の健康課題を解決し実践化を促すような指導でなければなりません。また、養護教諭自身も自己満足で指導を終えるのではなく、客観的な評価を行い、常に指導の改善を試みることが必要なのではないでしょうか。

　そこで、指導後に活用できるワークシートとその解説を添付しました。児童の「主体的に学ぶ態度」や「思考・判断・表現」、「知識」の程度について確認できるワークシートです。短時間の保健指導は、保健学習や特別活動における保健指導と違い、児童の記録としての評価をする必要はないと思いますが、ワークシートから見える児童の実態は、担任と共有することによって今後の指導における貴重な資料となります。個別指導の充実のためにもぜひ活用していただきたいと思います。

　また、ワークシートの解説に、指導する際の簡単なポイントを掲載しています。パワーポイント教材一つひとつに込めた筆者の思いをくみ取っていただければ幸いです。

　本書が、タイトル通り、養護教諭の先生方の「おたすけパワーポイントブック」になることを願っています。

畿央大学　高田恵美子

もくじ

はじめに………………………………………… 2　　もくじ ………………………………………… 4
CD-ROM の使い方 ………………………… 6　　パワーポイントの使い方 Q&A ……………… 8
CD-ROM の構成 ……………………………… 10

1章 "自分" について知ろう ……………………………………………………………… 11

わたしのこと、友だちのこと（1・2年）指導案 ………………………………………… 12
シナリオ………………………………………………………………………………………… 14
ワークシート………………………………… 16　　ワークシート（解説）…………………… 17

自分らしさってなに？（3・4年）指導案 ……………………………………………… 18
シナリオ………………………………………………………………………………………… 20
ワークシート………………………………… 22　　ワークシート（解説）…………………… 23

なんて言ったらいいの？（5・6年）指導案 …………………………………………… 24
シナリオ………………………………………………………………………………………… 26
ワークシート………………………………… 28　　ワークシート（解説）…………………… 29

2章 増えている病気 ……………………………………………………………………… 31

みんなで楽しく食べよう（1・2年）指導案 …………………………………………… 32
シナリオ………………………………………………………………………………………… 34
ワークシート………………………………… 36　　ワークシート（解説）…………………… 37

"がん" について知ろう（5・6年）指導案 ……………………………………………… 38
シナリオ………………………………………………………………………………………… 40
ワークシート………………………………… 42　　ワークシート（解説）…………………… 43

エイズについて知ろう（5・6年）指導案 ……………………………………………… 44
シナリオ………………………………………………………………………………………… 46
ワークシート………………………………… 48　　ワークシート（解説）…………………… 49

3章 地域の保健機関 ……………………………………………………………………… 51

びょういんたんけん（1・2年）指導案 ………………………………………………… 52
シナリオ………………………………………………………………………………………… 54
ワークシート………………………………… 56　　ワークシート（解説）…………………… 57

健康をささえる地いきの活動（3・4年）指導案 ……………………………………… 58
シナリオ………………………………………………………………………………………… 60
ワークシート………………………………… 62　　ワークシート（解説）…………………… 63

薬の話（5・6年）指導案 ………………………………………………………………… 64
シナリオ………………………………………………………………………………………… 66
ワークシート………………………………… 68　　ワークシート（解説）…………………… 69

- 4 -

4章　体の成長 ……………………………………………………………………… 71

大人に近づく体（3・4年）指導案 ………………………………………………… 72
シナリオ ………………………………………………………………………………… 74
ワークシート ……………………… 76　　ワークシート（解説）……………… 77

月経ってなに？（5・6年）指導案 …………………………………………………… 78
シナリオ ………………………………………………………………………………… 80
ワークシート ……………………… 82　　ワークシート（解説）……………… 83

射精ってなに？（5・6年）指導案 …………………………………………………… 84
シナリオ ………………………………………………………………………………… 86
ワークシート ……………………… 88　　ワークシート（解説）……………… 89

5章　心の健康 ……………………………………………………………………… 91

〇〇〇の発達？（5・6年）指導案 …………………………………………………… 92
シナリオ ………………………………………………………………………………… 94
ワークシート ……………………… 96　　ワークシート（解説）……………… 97

不安やなやみとの付き合い方（5・6年）指導案 …………………………………… 98
シナリオ ……………………………………………………………………………… 100
ワークシート ……………………… 102　　ワークシート（解説）…………… 103

心と体の健康観察（5・6年）指導案 ……………………………………………… 104
シナリオ ……………………………………………………………………………… 106
ワークシート ……………………… 108　　ワークシート（解説）…………… 109
チェックシート ……………………………………………………………………… 110

6章　けがの防止 ………………………………………………………………… 111

体が動く仕組み（3・4年）指導案 ………………………………………………… 112
シナリオ ……………………………………………………………………………… 114
ワークシート ……………………… 116　　ワークシート（解説）…………… 117

自分でできるけがの手当（5・6年）指導案 ……………………………………… 118
シナリオ ……………………………………………………………………………… 120
ワークシート ……………………… 122　　ワークシート（解説）…………… 123

運動器検しんってなに？（5・6年）指導案 ……………………………………… 124
シナリオ ……………………………………………………………………………… 126
ワークシート ……………………… 128　　ワークシート（解説）…………… 129

おわりに …………………………… 130　　イベントカレンダー ……………… 132
参考資料 ……………………………………………………………………………… 134

CD-ROM の使い方

■基本操作（Windows の場合）

巻末の CD-ROM には、本書に掲載されたデータをすべて収録しています。

① CD-ROM ドライブに CD-ROM を入れます。

② CD-ROM が起動すると、以下のようなウインドウが表示されます。

③フォルダは章ごとに分類されていますので、利用したい章のフォルダを開き目的のパワーポイントのファイルを選択してください。

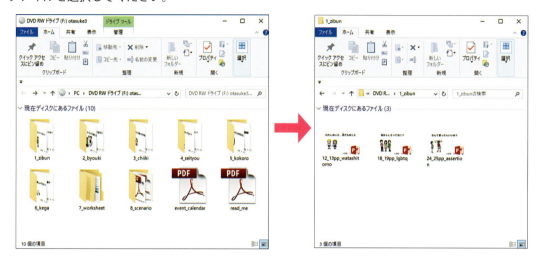

④パワーポイントのファイルは、以下のように表示されます。

　PC をプロジェクターに接続すると、スライドを投影させることができます（※ PC とプロジェクターの接続についてはお使いの機器の取扱説明書をご確認ください）。

以下はパワーポイントを使用した入力例です。お使いのソフトのバージョンによって違いがありますので、対象機器のマニュアルでご確認ください。

■文字の入力（変更方法）
①文章変更したいスライドのテキスト部分、またはシナリオ部分を表示させます。
②欄にカーソルを合わせて、文字を変更します。

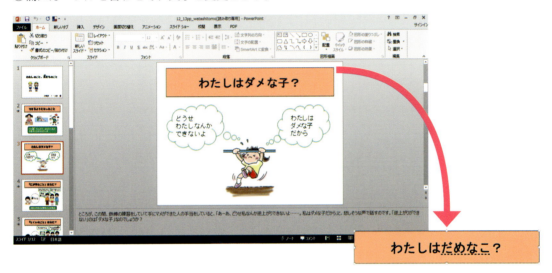

■イラストの変更方法
①変更したいイラストを選択します。
②メニューから「図の変更」を選択し、変更したいイラストの場所を参照します。

- 7 -

パワーポイントの使い方 Q&A

以下はパワーポイントを使用した回答例です。お使いのソフトのバージョンによって違いがありますので、それぞれのマニュアルでご確認ください。

【イラスト】

Q：イラストの大きさを変更することはできますか？
A：変更したいイラストを選択して、イラストの大きさ、角度、位置が変更できます。

Q：イラストを消すことはできますか？
A：消したいイラストを選択し、Del キーを押します。

【アニメーション】

Q：アニメーションをつけるにはどうしたらいいですか？
A：アニメーションで見せたい文字やイラストを選択して、メニューの「アニメーション」を選択します。いろいろな効果がありますので、つけたいアニメーションの種類を選択します。

Q：アニメーションはどうすれば表示されますか？
A：メニューの「アニメーション」→「プレビュー」で確認できます。

【印刷】

Q：スライドとシナリオ部分を同時印刷することはできますか？
A：メニューの「ファイル」→「印刷」→「設定」で印刷したいレイアウトを選択します。いろいろな印刷レイアウトがありますので、活用方法に応じて使い分けてみてください。

スライドとシナリオ同時印刷

6スライドずつの印刷

1スライドずつの印刷

【その他】

Q：子どもたちに見えないようにシナリオを確認しながら指導できますか？

Ａ：プレゼンテーションに使用する機器に、複数のモニターを使用する機能があれば可能です。プロジェクターと PC をつなぎ、メニューの「スライドショー」→「発表者ツールを使用する」にチェック→「スライドショーの開始」を選択します。プロジェクターにはスライドが表示されますが、手元のパソコンには、画面の左にスライド、右にシナリオ、下に縮小されたスライド一覧が表示されます。シナリオの文字は、読みやすい大きさに拡大縮小することができます。

Q：スライドそのものに動きをつけることができませんか？

Ａ：メニューの「画面切り替え」を使います。画面切り替えのタイミングは、クリック時のほかにタイミング設定で自由に切り替えることができます。

Q：文字にルビをつけることができますか？

Ａ：直接つけることはできません。メニューの「挿入」からテキストの「テキストボックス」を選択して、ルビを入力し、文字の位置に合わせて配置して、ルビのように見えるようにします。

そのほかご不明な点がありましたら、「ヘルプ」機能をご活用ください。

①パワーポイント画面を開いて、キーボードの「F1」を押すと、ヘルプ画面が出てきます（下図参照）。
②調べたいキーワードを入力すると、関連する項目が出てきますので、目的のものを選択します。

ヘルプ画面

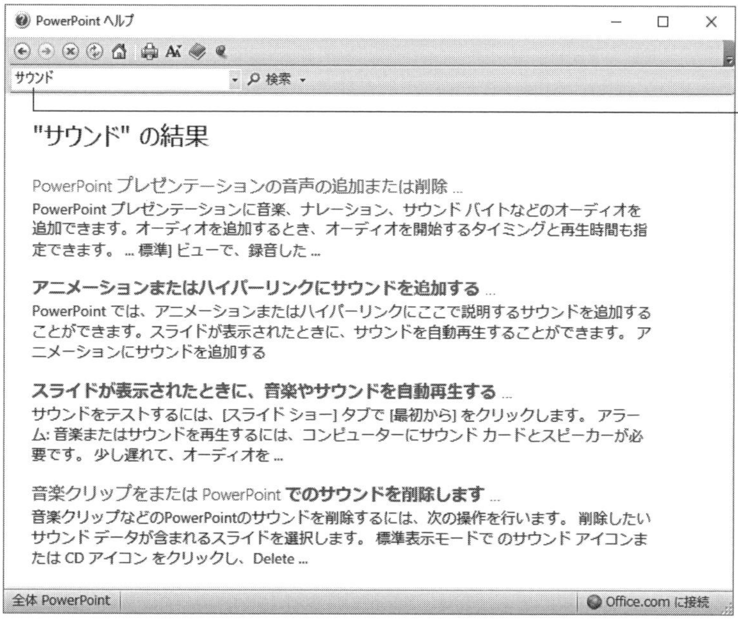

調べたいキーワードを入力
例）サウンド

CD-ROM の構成

■ファイル、フォルダ構成

read_me.pdf
1_zibun
2_byouki
3_chiiki
4_seityou
5_kokoro
6_kega
7_worksheet
8_scenario
event_calendar.pdf

■ご使用にあたっての注意

【動作環境】
・PowerPoint 2010 以降、PowerPoint 2016 for Mac 以降。
・CD-ROM ドライブ必須。
※ Windows の場合は、PowerPoint Viewer（無償）での閲覧も可能です。マイクロソフト社のウェブサイトよりダウンロードしてお使いください。

【著作権に関しまして】
　本書に掲載されているすべての文書の著作権は著者に、イラストの著作権は株式会社少年写真新聞社に帰属します。なお複数使用の許諾については、株式会社少年写真新聞社にお問い合わせください。学校・園所内での使用、児童生徒・保護者向け配布物に使用するなどの教育利用が目的であれば、自由にお使いいただけます。それ以外が目的の使用、ならびにインターネット上で使用することはできません。

【ご使用上の注意】
・OS やアプリケーションのバージョン、使用フォント等によってレイアウトがくずれることがありますが、仕様ですのでご了承ください。ご使用の環境に合わせて修正してください。
・この CD-ROM を音楽用 CD プレーヤー等に使用すると、機器に故障が発生する恐れがあります。パソコン用の機器以外には入れないでください。
・CD-ROM 内のデータ、あるいはプログラムによって引き起こされた問題や損失に対しては、弊社はいかなる補償もいたしません。本製品の製造上での欠陥につきましてはお取りかえしますが、それ以外の要求には応じられません。
・図書館での CD-ROM の貸し出しは禁止させていただきます。

　　Mac は米国やその他の国で登録された Apple Inc. の商標または登録商標です。
　　Microsoft、Windows、PowerPoint は Microsoft Corporation の米国その他の国における登録商標または商標です。

1章

"自分"について知ろう

わたしのこと、友だちのこと（1・2年）

※シナリオはP14～15をご参照ください

①
②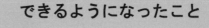
③
④
⑤
⑥

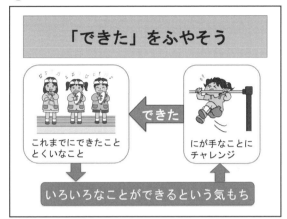
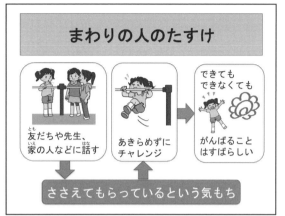

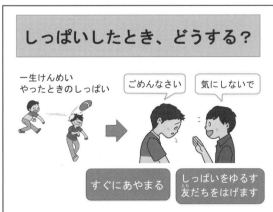

わたしのこと、友だちのこと（1・2年）
～シナリオ～

(一般的な学校をモデルに作っていますので、各学校の状況に応じて変更してお使いください)

①みなさんが小学校に入学したときと今と比べて変わったところはありますか。そうですね。体がずいぶん大きくなりましたね。今日は自分や友達のことについて振り返ってみましょう。

②幼稚園や保育園のころと比べて、小学生になってできるようになったことはありませんか。みなさんができるようになったことを教えてください。「計算ができるようになった」「泳ぐことができるようになった」「好き嫌いせずに何でも食べるようになった」など、いろいろな意見がありますね。小学生になって勉強や運動、身支度など、たくさんできることが増えてきました。

③ところが、この間、鉄棒の練習をしていて手にマメができた人の手当をしていると、「あーあ、どうせ私なんか逆上がりできないよ……。私はダメな子だから」と、悲しそうな声で話すのです。「逆上がりができない」のは「ダメな子」なのでしょうか？

④実は、先生はみんなの前で歌うことが苦手です。みなさんは苦手なことがありますか。作文を書くこと、縄跳びを跳ぶこと、整理整頓など、苦手なことがいろいろありますね。苦手なことは自分だけにあるのではなく、誰にでもあるのですね。

⑤反対に、得意なこと、上手にできることを聞きます。先生は料理が得意です。みなさんの得意なことはなんですか。ピアノを弾くこと、ダンスをすること、乗り物の名前を覚えることなど、得意なことがいろいろありますね。苦手なことと同じように、誰にでも得意なことがあるのですね。

⑥今度は、友達の素敵なところ、良いところを見つけましょう。〇〇さんはボールを遠くまで投げることができる、〇〇さんは絵を描くのが上手、〇〇さんはいつも掃除を一生懸命しているなど、友達の良いところがたくさんありますね。友達からほめられるとうれしくなって、やる気が出てきます。

⑦もし苦手なことがあったときは、これまでにできたこと、得意なことを思い出しましょう。すると、自分はいろいろなことができるという気持ちが湧いてきます。その気持ちで苦手なことにもチャレンジしてみましょう。すぐにはうまくいかないかもしれませんが、苦手なことができるようになると、自分の「できた」が増えて、いろいろなことにチャレンジする気持ちが広がっていきます。

⑧どんなに頑張ってもうまくいかないときもあります。そのようなときは一人で悩まずに、友達や先生、家の人などに話をしましょう。一緒に練習をしてくれたり、うまくできるコツを教えてくれたりするなど、周りの人の助けがあると、自分は一人ではない、みん

なに支えてもらっているという気持ちが湧いて、諦めずにチャレンジすることができます。たとえ、できなかったとしても、人と比べて自分はダメなんだと落ち込むことはありません。諦めずに一生懸命頑張った自分は素晴らしいと自信を持ちましょう。

⑨みなさんは誰かを助けるなどして「ありがとう」と言われたことはありませんか。先生は保健室でけがの手当をしたとき「ありがとうございました」と言われます。みなさんが「ありがとう」と言われたときのことを教えてください。妹の世話をしたとき、消しゴムを貸したとき、掃除の手伝いをしたときなど、たくさんの「ありがとう」がありますね。「ありがとう」と言われると、自分が誰かの役に立っていると思ってうれしくなります。人のために動けるようになることは素晴らしいことです。

⑩先生は掃除の手伝いをしていたときに、バケツの水をこぼしてみんなに迷惑をかけたことがあります。みなさんは、失敗したことや人に迷惑をかけたことはありませんか。コップを片付けようとして割ってしまったこと、ボールを投げたときに友達に当たってしまったこと、絵の具が友達の服についてしまったことなど、たくさんの失敗がありますね。誰にでも、一生懸命頑張っていたのに失敗してしまうことや、そのつもりはないのに迷惑をかけてしまうことはあるのです。

⑪そのようなときはすぐに、自分から「ごめんなさい」と謝ります。わざとではなくても、友達に迷惑をかけているからです。また、友達が一生懸命やって失敗したときは、許してあげましょう。カーッとなって仕返しをしようものなら、けんかになってしまいます。文句を言っても、元には戻りません。友達は迷惑をかけてしまったと、ますます元気がなくなります。「気にしないで」「心配いらないよ」と友達を励ます言葉をかけてあげると、自分も相手も周りの人もみんなが優しい気持ちになります。

⑫今日は、自分や友達のことについてたくさん知ることができました。自分には良いところがある、できてもできなくても頑張っていると思うと自信になり、自分のことがもっと好きになります。また、みんなに助けてもらってうれしかったことや、何かをしてあげて「ありがとう」と言われたことが増えていくと、みんなと仲良くしたいと思うようになり、みんなと関わることがもっと好きになります。この２つの「好き」を増やして、仲間と一緒に自分を伸ばしていきましょう。

「わたしのこと、友だちのこと」（1・2年）ワークシート

＿＿ 年 ＿＿ 組　名前 ＿＿＿＿＿＿＿＿＿＿＿＿＿＿＿＿

1　あてはまるものに○をつけましょう。

　　①自分のことや、友だちのことについてすすんで考えることができました

　　か？

　　[　　できた　　　　だいたいできた　　　　できなかった　　]

　　②自分や友だちのよいところをほかの人につたえることができますか？

　　[　　できる　　　　だいたいできる　　　　できない　　　　]

2　⬜︎　の中にあてはまる言葉を書きましょう。

　　①だれにでも、とくいなことや ⬜︎ なことがあります。

　　②「 ⬜︎ 」と言われると、自分がだれかのやくに立っていると

　　いう気もちになります。

　　③自分がしっぱいしたときはすぐに ⬜︎ 。友だちが一生けん

　　めいやってしっぱいしたときは ⬜︎ 。友だちをはげま

　　す言葉もかけます。

3　かんそうやしつもんを書きましょう。

⬜︎

- 16 -

「わたしのこと、友だちのこと」（1・2年）ワークシート解説

＿＿ 年 ＿＿ 組　名前 ＿＿＿＿＿＿＿＿＿＿＿＿＿＿＿＿

1　あてはまるものに○をつけましょう。

①自分のことや、友だちのことについてすすんで考えることができました

か？　◀ 主体的に学ぶ態度

[　　　できた　　　　　だいたいできた　　　　　できなかった　　　]

②自分や友だちのよいところをほかの人につたえることができますか？　◀ 思考・判断・表現

[　　　できる　　　　　だいたいできる　　　　　できない　　　　　]

2　[　　　　]の中にあてはまる言葉を書きましょう。　◀ 知識

①だれにでも、とくいなことや　にが手　なことがあります。

②「　ありがとう　」と言われると、自分がだれかのやくに立っていると

いう気もちになります。

③自分がしっぱいしたときはすぐに　あやまります　。友だちが一生けん

めいやってしっぱいしたときは　ゆるしてあげます　。友だちをはげま

す言葉もかけます。

指導する際のポイント

　全国学力・学習状況調査（平成29年度）※によると、自己肯定感に関する項目について、小学校6年生では、約7割〜8割の子どもが肯定的な回答をしています。しかし、諸外国に比べると低い状況にあり、学年が上がるほど、肯定的な回答が減少するという報告もあります。自己肯定感は「できた」という達成感と、「誰かの役に立った」という人間関係の中で育まれる自己有用感で高めることができるといわれています。低学年では、ソーシャルスキルの基礎を学びながら指導してはいかがでしょうか。

※国立教育政策研究所　教育課程研究センター

自分らしさってなに？（3・4年）

※シナリオはP20〜21をご参照ください

①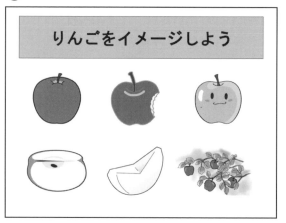

②

③

④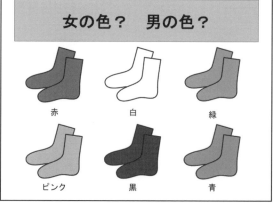

⑤

⑥

⑦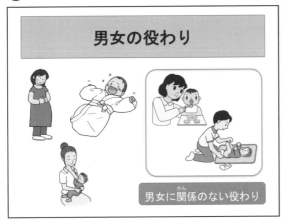
⑧
⑨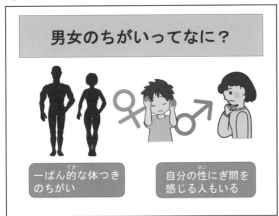
⑩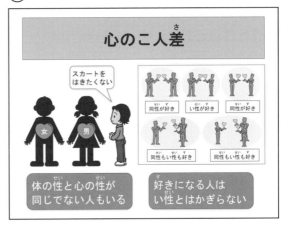
⑪
⑫

自分らしさってなに？（3・4年）
～シナリオ～

（一般的な学校をモデルに作っていますので、各学校の状況に応じて変更してお使いください）

①中学年になって、成長期に入り体が変化し始めると、周りの人と比べて自分が違うことが不安になる人もいます。今日は自分らしさについて考えてみましょう。

②みなさん、りんごをイメージしてください。では、今からりんごのイラストを出していきます。自分のイメージに近いりんごはありましたか。ほかにイメージしたりんごはありませんか。人によってイメージするりんごは違います。いろいろな考えがあるものですね。

③ところが、私たちの生活の中には、当たり前だと思い込んでしまっていることがあります。その１つが「女だから、男だから」です。「女の子だからお手伝いして」、「男の子だから泣かない」などと言われたことはありませんか。そのときどんな気持ちになりましたか。そうですね。何だか腹が立ったり、何だかおかしいなと思ったりした人もいますね。

④この間、保健室へ靴下を借りに来た人がいました。先生が靴下を渡すと、「これって女の色の靴下ですよね。男の色はありませんか」と言うのです。どの色が女の色、男の色だと思いますか。赤やピンクが女の色、黒や緑、青が男の色だという人が多いですね。

⑤みなさんは何色が好きですか。青が好きな女子、赤が好きな男子もいますね。青でクールにきめた女の子、赤で情熱的にきめた男の子、どっちもかっこいいです。女の色、男の色などはありません。男女の違いに関係なく、自分の好きな色を選べばよいのです。

⑥色以外にも、女子は〇〇、男子は〇〇といったイメージはありませんか。それぞれ思いつくイメージをあげてみましょう。たくさんの意見が出ました。例えば、女子は優しい、男子は面白いという意見がありますが、これは女子、男子に限ったことですか。違いますよね。男女両方にあり、人によって違います。ほかのイメージも同じです。

⑦男女の役割について考えてみましょう。例えば赤ちゃんの世話は誰がしますか。お母さん、女の人という意見が出ました。もちろん、赤ちゃんを産み、母乳をあげるのは女の人にしかできませんが、赤ちゃんの食事やおむつの交換などのほかの世話は男女に関係なくできます。

⑧みなさんは大人になったらどんな仕事をしてみたいですか。運送、大工、畜産、保育士、調理師、看護師などいろいろな仕事がありますが、男女にとらわれず、自分のやりたい仕事にチャレンジしてもいいのです。
男の人の少ない仕事に男性が挑戦するのも、女の人の少ない仕事に女性が挑戦するのも、最初の人にはいろいろな苦労があるものですが、それを越えていくことで、次の人が続

きます。

⑨では、男女の違いって何でしょうか。大人に近づくにつれ、一般に男子はがっちりとした体つきに、女子は丸みのある体つきに変化していきます。個人差はありますが、みなさんの年のころから、体つきの男女差が明らかになっていくため、自分の性に疑問を感じ始める人もいます。

⑩心にも個人差があり、体の性と心の性が同じではない人もいます。その中には、体は女の人でも心では自分のことを「男だ」と感じていて、スカートをはきたくない人もいます。もし、スカートをはくことを強制されたらどんな気分でしょうか？
また、好きになる人は必ず異性とは限りません。同性を好きになる人や、同性を好きになったり異性を好きになったりする人がいます。特に思春期は、心が揺れ動く時期なので、どちらとも決められないこともありますが、それは変なことではないのです。一人で悩まずに、先生や家の人に相談してください。

⑪これは、駅などで使われているトイレのマークです。このマークを見てどちらのトイレを使うか決めています。しかし、これでは、体は男の人だけど心は女の人や、体は女の人だけど心は男の人、自分でどっちとはっきりと決められない人は、どちらのトイレに入っていいのか悩みます。
そこで最近では、男女に関係なく、すべての人が使えるトイレが設置されるようになってきています。

⑫人と違うと不安になることもありますが、違うことは、自分らしさなのです。いろいろな個性を持った人がいることで、助け合い、一人ではできないことができるようになり、世界は豊かになっていきます。自分らしさを大切にすることと同じように、周りの人のその人らしさを大切にしていきましょう。

「自分らしさってなに？」（3・4年）ワークシート

___ 年 ___ 組　名前 _____

1　あてはまるものに○をつけましょう。

①自分らしさについて進んで考えることができましたか？

[　　　　できた　　　　　だいたいできた　　　　　できなかった　　　　]

②自分らしさについてほかの人に伝えることができますか？

[　　　　できる　　　　　だいたいできる　　　　　できない　　　　]

2　◻ の中にあてはまる言葉を書きましょう。

①一ぱんに男子はがっちりとした体つきに、女子は丸みのある体つきに変化

していきますが、自分の ◻ にぎ問を感じる人もいます。

②心にもこ人差があり、◻ の性と ◻ の性が同じではない人もい

ます。

③好きになる人は必ず ◻ とはかぎりません。特に思春期は、心がゆ

れ動く時期なので、どちらとも決められないこともあります。

3　感想やしつ問を書きましょう。

「自分らしさってなに？」（３・４年）ワークシート解説

__ 年 __ 組　名前 _____

1　あてはまるものに○をつけましょう。

①自分らしさについて進んで考えることができましたか？　◀ **主体的に学ぶ態度**

[　　　できた　　　　　だいたいできた　　　　　できなかった　　　]

②自分らしさについてほかの人に伝えることができますか？　◀ **思考・判断・表現**

[　　　できる　　　　　だいたいできる　　　　　できない　　　　　]

2　　　　　　　の中にあてはまる言葉を書きましょう。　◀ **知識**

①一ぱんに男子はがっちりとした体つきに、女子は丸みのある体つきに変化

していきますが、自分の　**性**　にぎ問を感じる人もいます。

②心にもこ人差があり、　**体**　の性と　**心**　の性が同じではない人もい

ます。

③好きになる人は必ず　**い性**　とはかぎりません。特に思春期は、心がゆ

れ動く時期なので、どちらとも決められないこともあります。

指導する際のポイント

　成長期に入る中学年では、男女の体つきや機能に違いが見られるようになり、自分の性について不安や悩みを持つ子どもがいます。文部科学省は「性的マイノリティとされる子どもへの配慮」についての通知や、「自殺総合対策大綱」「いじめ防止等のための基本的な方針」においても、その対応を示しています。個別対応はもとより、男らしくでも女らしくでもない自分らしく生きることの大切さを、自分たちの生活を振り返りながら指導していくことが大切であると考えます。

なんて言ったらいいの？（5・6年）

※シナリオはP26〜27をご参照ください

①

②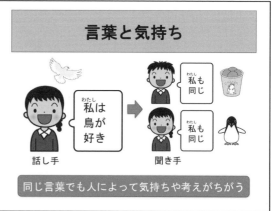

③

④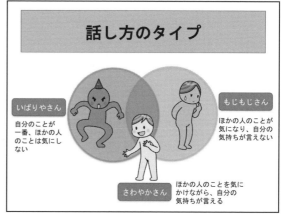

⑤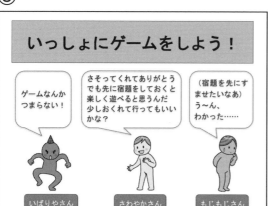

⑥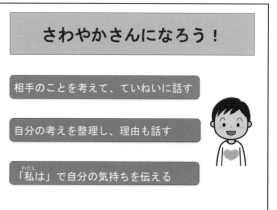

⑦
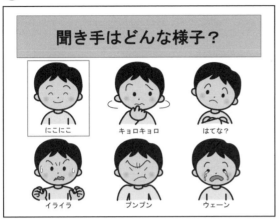

⑧

⑨

⑩

⑪

⑫

なんて言ったらいいの？（5・6年）
～シナリオ～

（一般的な学校をモデルに作っていますので、各学校の状況に応じて変更してお使いください）

①あるとき、「先生、私そんなつもりで言ったんじゃないのに、○○さんがすごく怒ってしまって。なんて言ったらよかったのかなあ」という相談がありました。みなさんにはそのような経験はありませんか。今日は上手な話し方について一緒に考えましょう。

②Aさんが「私は鳥が好き」と言ったので、Bさん、Cさんは「私も同じ」と言いました。ところが、そのとき3人がイメージしていたものは、「鳩」、「鶏のから揚げ」、「ペンギン」で、鳥は鳥でも違う「トリ」でした。同じ言葉を使って表現しても、人によって気持ちや考えが違うため、自分のことをわかりやすく伝える工夫が必要です。

③最近は、「別に」「うざい」「きもい」「むかつく」などの言葉を使う人がいます。この言葉だけでは、話し手の気持ちがよくわかりません。また、このような言葉をたくさん聞くとどんな気持ちになりますか。心にチクチク刺さるような感じがして、聞き手だけではなく周りの人も悲しくなってしまいます。

④話し方には3つのタイプがあります。1つ目は、自分のことが一番で、ほかの人のことは気にしない「いばりやさん」タイプ、2つ目は、ほかの人のことが気になって自分の気持ちが言えない「もじもじさん」タイプ、3つ目は、ほかの人のことを気にかけながら自分の気持ちが言える「さわやかさん」タイプです。

⑤「一緒にゲームをしよう」と誘われたとき、いばりやさんは「ゲームなんかつまらない！」と、自分の気持ちだけを話します。こんな言い方をされると相手はもう誘うのをやめようと思うかもしれません。
もじもじさんは自分の気持ちを我慢して、「わかった……」と話すのですが、宿題のことが気になってゲームを楽しむことができないかもしれません。
しかし、「誘ってくれてありがとう。でも先に宿題をしておくと楽しく遊べると思うんだ。少し遅れて行ってもいいかな」というさわやかさんの話し方は、自分も相手もすっきりした気持ちになりますね。

⑥さわやかさんになるためには、相手のことを考えて丁寧な言葉で話します。自分の言いたいことは考えを整理し、理由も一緒に話すと相手により正しく伝わります。また、「私は○○がしたい」など、「私」を主語にして話すと、自分の気持ちが伝わりやすくなります。

⑦話をするときは、聞き手の表情にも注意します。聞き手はニコニコしながらあなたの話に関心を持ってくれていますか？　もし、キョロキョロしている、不思議そうにしている、イライラしている、怒っている、泣きそうなどの様子が見られたら、聞き手は何か気になることがあったり、嫌な気持ちになったりしているのかもしれません。そんなと

きは、話題や話し方を変えたり、その話をやめたりします。

⑧実際に話し方の練習をしてみましょう。消しゴムを貸してほしいとき、どんな頼み方をしたらいいのでしょうか。いきなり「貸して！」と言われたらびっくりしますね。頼みごとをするときは、「今いいかなあ。お願いがあるんだけど……。消しゴムを忘れてしまったんだ。2つあったら1つを今日一日貸してくれないかなあ」などと相手が困らないかを考え、お願いの気持ちを大切にして、頼みたいことと理由をはっきりと丁寧に話しましょう。

⑨次に消しゴムを貸せないとき、どんな断り方をしたらいいのでしょうか。「いや！」ときつく言ってしまうと、その後、気まずい雰囲気になりますね。断るときは、「ごめんね。消しゴムを1つしか持ってないの。○○さんが2つ持っていたから頼んであげようか」など、できないことを謝り、理由と自分にできることをはっきりと丁寧に話しましょう。

⑩また、相手が話しやすい聞き方をすると、話し手は自分のことをもっと知ってほしくなって会話が弾みます。すると、話し手の気持ちや考えをより正しく理解することができます。聞き上手になるポイントは、話す人を見る、話を最後まで聞く、「うんうん」「それで」などの相づちを打つなどです。今度誰かと話すときにやってみましょう。

⑪それでも会話が途切れてスムーズに進まないときがあります。そんなときは一問一答で終わらせるのではなく、おまけの情報を付け加えてみましょう。例えば「遠足のおやつは何を持っていくの？」と聞かれたときに、「ポテトチップス」というだけで終わらせないで、「○○くんは何を持っていくの？」「何味が好きなの？」などのように質問の答えに関連することや自分が関心のあることを付け加えると、共通の話題が見つかることもあり、会話が広がっていきます。

⑫今日は上手な話し方や聞き方についてお話ししました。会話は心のキャッチボールともいわれます。強過ぎるボールや届かないボールを投げたり、よそ見をしていたりしてはキャッチボールになりませんね。会話も同じで、話し手は聞き手がキャッチしやすい心に届く言葉を投げ、聞き手は話し手の気持ちを想像しながらキャッチするのです。心のキャッチボールで、自信を持って自分のことを表現し、相手のことを思いやる心を育てていきましょう。

「なんて言ったらいいの？」（5・6年）ワークシート

＿＿ 年 ＿＿ 組　名前 ＿＿＿＿＿＿＿＿＿＿＿＿＿＿＿

1　あてはまるものに○をつけましょう。

①心に届く話し方について進んで考えることができましたか？

[　　　できた　　　　　だいたいできた　　　　　できなかった　　　]

②心に届く話し方についてほかの人に伝えることができますか？

[　　　できる　　　　　だいたいできる　　　　　できない　　　　　]

2　 [　　　　　] の中にあてはまる言葉を書きましょう。

①話し方には、自分のことが一番で、ほかの人のことは気にしない

「[　　　　　　　]」タイプ、ほかの人のことが気になって自分の気持

ちが言えない「[　　　　　　　]」タイプ、ほかの人のことを気にかけ

ながら自分の気持ちが言える「[　　　　　　　]」タイプがあります。

②聞き上手になるポイントは、話す人を見る、話を最後まで聞く、

[　　　　　　　] です。

③一問一答で終わらせるのではなく、[　　　　　] の情報を付け加えて話します。

3　感想や質問を書きましょう。

[　　　　　　　　　　　　　　　　　　　　　　　　　　　　　　　]

「なんて言ったらいいの？」（5・6年）ワークシート解説

___ 年 ___ 組　名前 _____

1　あてはまるものに○をつけましょう。

①心に届く話し方について進んで考えることができましたか？　◀ **主体的に学ぶ態度**

[　　　できた　　　　　だいたいできた　　　　　できなかった　　　]

②心に届く話し方についてほかの人に伝えることができますか？　◀ **思考・判断・表現**

[　　　できる　　　　　だいたいできる　　　　　できない　　　　　]

2　　　　　　　の中にあてはまる言葉を書きましょう。　◀ **知識**

①話し方には、自分のことが一番で、ほかの人のことは気にしない

「　**いばりやさん**　」タイプ、ほかの人のことが気になって自分の気持

ちが言えない「　**もじもじさん**　」タイプ、ほかの人のことを気にかけ

ながら自分の気持ちが言える「　**さわやかさん**　」タイプがあります。

②聞き上手になるポイントは、話す人を見る、話を最後まで聞く、

　相づちを打つ　です。

③一問一答で終わらせるのではなく、　**おまけ**　の情報を付け加えて話します。

指導する際のポイント

　小学校体育科の新学習指導要領では、コミュニケーション能力や論理的な思考力の育成を促すための言語活動や、健康に関する課題を解決する学習活動を積極的に行うなどの指導方法の工夫が、配慮事項としてあげられています。本教材は、5年生の体育科保健領域「心の健康」の学習と関連させて、特別活動の時間に指導すると効果的です。学級担任と養護教諭とのチーム・ティーチングや、ロールプレイング等を取り入れた指導方法についても検討してください。

MEMO

2章

増えている病気

みんなで楽しく食べよう（1・2年）

※シナリオはP34～35をご参照ください

①

みんなで楽しく食べよう

小学校　1・2年　組

②

おいしいきゅう食

いろいろな食べものが出てきます

③

食べのこしたきゅう食

体のちょうしがわるい　きらいな食べもの

④

食べもののはたらき

体をつくる
力のもとになる　体のちょうしをととのえる

⑤

すききらいをせずに食べる

おいしいきゅう食

⑥

体のちょうしがわるいとき

先生に食べられないことを話す

⑦

⑧

⑨

⑩

⑪

⑫

みんなで楽しく食べよう（1・2年）
～シナリオ～

（一般的な学校をモデルに作っていますので、各学校の状況に応じて変更してお使いください）

①もうすぐ給食が始まりますね。
　今日はみなさんが楽しみにしている給食のお話です。

②給食は、栄養教諭（栄養士）の先生が献立を決めて、給食室（給食センター）で調理員さんが作ってくれています。
　ある日の給食の献立を見てみましょう。
　ご飯、牛乳、オムレツ、ほうれんそうのおひたし、具だくさんのみそ汁です。おいしそうですね。
　みなさんが学校で勉強や運動がしっかりできるように、そして、体がすくすくと大きくなるように、給食にはいろいろな食べ物が出てきます。

③ところが、給食の後、食べ残しのある食器を見つけました。
　何が残っていますか。そうですね。オムレツも、そのまま残っています。
　なぜ、オムレツを食べ残したと思いますか。
　「おなかが痛かったから」「熱があったから」「体の調子が悪いとき」や「嫌いな食べ物のとき」という意見がありますね。

④給食は、体をつくる卵や肉・魚、力のもとになるご飯やパン、体の調子を整える野菜や果物などをバランスよく組み合わせて作っています。
　みなさんが給食で食べた物は、体の中に入って、運動や勉強をする力になったり、体を大きくしたり、病気にかかりにくくしたりします。

⑤また、おいしい給食は、栄養教諭（栄養士）の先生や調理員さんたちが、みなさんのために心を込めて作ってくれています。
　苦手な食べ物が給食に出ることがあるかもしれませんが、作ってくださった方に「ありがとう」の気持ちで、一口だけでも食べるようにしましょう。

⑥しかし、体の調子が悪いときの食べ残しは好き嫌いとは違います。
　おなかが痛い、気持ちが悪いなどで体の具合が悪く、給食が食べられないときは、無理をせず、先生に話をして、食べられる分だけを食べましょう。

⑦給食にオムレツが配られていない人もいます。
　その人は、オムレツが嫌いなわけでも、体の調子が悪いわけでもないのに、給食のオムレツを食べることができません。
　オムレツは何からできていますか。
　そうですね。卵からできています。卵を食べると、体の具合が悪くなる人は、たとえ、ほかの人が「オムレツをあげる」と言っても絶対に食べてはいけません。

⑧オムレツだけではなく、卵焼きはもちろん、プリン、ケーキ、アイスクリーム、たこ焼き、コロッケ、マヨネーズなどの卵が使われている食べ物はすべて食べることができません。

⑨こういう人が、もし卵を食べると、目や口が腫れて赤くなったり、おなかが痛くなったり、気持ちが悪くなったり、息が苦しくなったり、体にぶつぶつができてかゆくなったりします。
　体をつくるもとになるはずの食べ物が、体の調子を悪くすることがあるのです。
　これは食べ物によるアレルギーという病気です。

⑩牛乳や卵のほかにも、パンやケーキなどのもとになる小麦粉、そば、ピーナッツ、キウイフルーツ、えび、かになどを食べると体の具合が悪くなる人がいます。

⑪こうした人が体の具合を悪くしないためにはどうしたらいいと思いますか。
　そうですね。アレルギーを起こす食べ物を食べないことです。
　例えば、学校では、卵を食べると体の調子が悪くなる人には、卵を使わない給食を用意することがあります。卵入り野菜炒めの卵を抜いたり、オムレツを魚料理に変えたり、見た目は同じでも、卵を使っていないマヨネーズを使うこともあります。卵を使っていないプリンを出すときもあります。
　給食で用意できない場合は、おうちからお弁当を持ってくることもあります。
　このように、食べ物によるアレルギーのある人は、みなさんとは少しだけ違う給食になります。

⑫メニューが少し違っても、みんなで一緒に食べる給食はおいしいですね。
　おいしく楽しく食べるために、みなさんに守ってもらいたい約束が2つあります。
　1つは、アレルギーなどで食べることができない人もいるため、給食で配られたものを勝手にほかの人にあげてはいけません。
　もう1つは、アレルギーのある人はその食べ物を食べるだけではなく、触れたり、吸い込んだりすることで、体の具合が悪くなることがあります。給食中に友達とふざけていて食べ物をこぼして、アレルギーの人にかからないように静かに食べましょう。
　食べ物のアレルギーがある人もない人も、みんなで楽しく食べましょう。

- 35 -

「みんなで楽しく食べよう」（1・2年）ワークシート

＿＿年＿＿組　名前＿＿＿＿＿＿＿＿＿＿＿＿＿＿＿

1　あてはまるものに○をつけましょう。

①きゅう食についてすすんで考えることができましたか？

[　　　できた　　　　だいたいできた　　　　できなかった　　　]

②食べものによるアレルギーについてほかの人につたえることができますか？

[　　　できる　　　　だいたいできる　　　　できない　　　　　]

2　□□□□の中にあてはまる言葉を書きましょう。

①たまごなどを食べると体のちょうしがわるくなるびょうきを

□□□□□といいます。

②アレルギーのある人は、少しだけ□□□□□きゅう食になることがあり

ます。

③アレルギーは、ふれたり、すいこんだりしてもおこるので、きゅう食は

□□□□□食べます。

3　かんそうやしつもんを書きましょう。

────────────────────────────

- 36 -

「みんなで楽しく食べよう」（1・2年）ワークシート解説

＿＿ 年 ＿＿ 組　名前 ＿＿＿＿＿＿＿＿＿＿＿＿＿＿＿

1　あてはまるものに○をつけましょう。

①きゅう食についてすすんで考えることができましたか？ ◀ **主体的に学ぶ態度**

[　　　できた　　　　だいたいできた　　　　できなかった　　　]

②食べものによるアレルギーについてほかの人につたえることが

　できますか？ ◀ **思考・判断・表現**

[　　　できる　　　　だいたいできる　　　　できない　　　　　]

2　　［　　　　］　の中にあてはまる言葉を書きましょう。 ◀ **知識**

①たまごなどを食べると体のちょうしがわるくなるびょうきを

　│ **アレルギー** │といいます。

②アレルギーのある人は、少しだけ│ **ちがう** │きゅう食になることがあり

　ます。

③アレルギーは、ふれたり、すいこんだりしてもおこるので、きゅう食は

　│ **しずかに** │食べます。

指導する際のポイント

　学校給食における食物アレルギー対応については、「学校のアレルギー疾患に対する取り組みガイドライン」（日本学校保健会）や「学校生活管理指導表（アレルギー疾患用）」（日本学校保健会）に基づいた対応が行われています。保健管理や個別の保健指導に加え、食物アレルギーに関する基本的な知識理解や望ましい食習慣、豊かな人間関係の構築を目的にした保健指導も大切です。学級担任や栄養教諭等と連携し、アレルギー疾患の子どもへの配慮をしながら実施してください。

"がん"について知ろう（5・6年）

※シナリオはP40〜41をご参照ください

①

②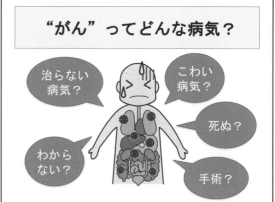

③

④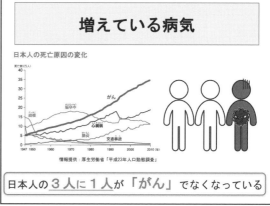

⑤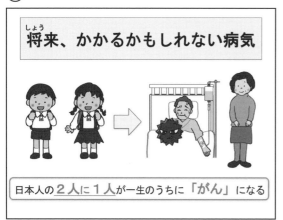

⑥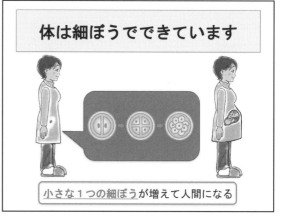

⑦

"がん"は細ぼうがこわれて増える病気

がんができる仕組み

正常な細ぼう

正しく働かない細ぼうができる

正しく働かない細ぼうが増える

正しく働かない細ぼうが周囲に広がる

体の中の「修理屋さん」が傷ついた細ぼうを修理して、正しく働かない細ぼうができるのを防いでいます

⑧

"がん"は体中どこにでもできます

がんの種類によって症状やかかりやすさがちがう

⑨

"がん"は治らないの？

多くのがんは早く見つけて治りょうすれば
<u>10人に９人</u>が治る

⇒ がん検しんを受ける

がん治りょう
- <u>手術</u>でがんを取り除く
- <u>放射線</u>という光でがん細ぼうを殺す
- <u>薬</u>でがん細ぼうが増えるのをおさえる

⑩

"がん"を防ぐには？

- <u>たばこ</u>を吸わない、たばこのけむりをさける
- <u>お酒</u>をたくさん飲まない
- <u>やせ過ぎ、太り過ぎ</u>に気をつける
- <u>運動</u>をする
- バランスのとれた<u>食事</u>をする
  - 野菜や果物を食べる
  - 塩からいもの、熱過ぎるものをさける

⑪

"がん"と向き合う人びと

私にとってがんになったことは人生最悪の出来事であることにはちがいないけれど、それでも「がんになって悪いことばかりではなかった」と、心の底から素直に言うことができます。それは「自分がこれほど、周りから愛され、大切にされていた」ということがよくわかったからです。家族はもちろんですが、周りの友人が本当によくしてくれました。
いっぱい泣きました。でも、悲しい涙よりずっと多かったのが、周りの人へ感謝するうれしい涙でした。私はこんなにも愛され、大切に思われているのだということを、ひしひしと感じることができ、本当にありがたく、がんになったからといって悪いことばかりじゃなかったなって思います。
広島県、52歳、女性
国立がん研究センター がん情報サービス「患者さんの手記」

⑫

"がん"を知り、できること

がんを予防する
<u>生活習慣</u>

やさしい<u>心</u>
思いやりの<u>心</u>

おしまい

- 39 -

"がん"について知ろう（5・6年）
～シナリオ～

(一般的な学校をモデルに作っていますので、各学校の状況に応じて変更してお使いください)

①みなさんは「がん」という言葉を聞いたことがありますか。
　もしかしたら家族や身近な人が「がんにかかっている」、「かかったことがある」という人がいるかもしれませんね。「がん」は病気の1つです。
　今日は「がん」についてお話しします。

②みなさんはがんってどんな病気だと思いますか。知っていることがあれば発表してください。「怖い病気」「治らない病気」「死んでしまう」など、いろいろな意見が出ましたが、がんについてはよくわからないという人が多いようですね。

③今、日本人は世界の国の中で、一番長生きな国の1つだといわれています。
　おおよそ84歳くらいまで生きる方が多く、90歳を超えても元気なお年寄りがたくさんいます。
　人が長生きになったのはインフルエンザなどの感染症にかかる人や、病気などで亡くなる赤ちゃんが少なくなったことが理由の1つです。しかし、長く生きることでかかる人が増えた病気もあります。それが、がんです。

④このグラフを見てください。赤い線ががんで亡くなった人の数を表しています。ほかの病気や交通事故と比べて、毎年増え続けています。今、日本人の3人に1人は、がんで亡くなっているといわれています。

⑤また、今、日本人の2人に1人は、一生のうちにがんにかかるといわれています。
　つまり、将来、このクラスの半分の人ががんにかかるかもしれないほど、がんは身近な病気になっています。

⑥がんについて詳しくお話しする前に、みなさんが生まれる前のことを少しお話ししましょう。みなさんは生まれる前はどこにいましたか。そうですね、お母さんのおなかの中にいました。おなかの中では、最初から赤ちゃんの形をしていたわけではなくて、たった1個の、目で見ることができないほど小さな「細胞」というものから始まったのです。その「細胞」がどんどん増えて赤ちゃんの姿になり、生まれてからも増え続け、大人の体になっていきます。
　つまり、私たちの体は細胞からできているのです。細胞については、中学校の理科で詳しく学習するので今日は名前だけ覚えておきましょう。

⑦さて、私たちの体の中では、その細胞の一部が傷ついて壊れてしまい、正しく働かない細胞が増えることがあります。しかし、私たちの体の中には、その傷ついた細胞を修理してくれる働きもあります。けれども、傷ついた細胞の修理が追いつかなかったり、傷ついた細胞を見逃してしまったりすると、正しく働かない細胞がどんどん増えて、体に

- 40 -

悪い影響を与えてしまいます。これが「がん」という病気です。

⑧先ほどお話ししたように、人の体は細胞からできているので、がんは体のあらゆるところでつくられます。口の中や胸にも、骨や血液の中にもできる可能性があるのです。また、がんの種類によって、症状やかかりやすさが違います。

⑨多くのがんは早く見つけて早く治療すると、10人のうち9人までが治ります。そのためにも大人になったらがんの検診を受けることが大事です。また、がんの治療には手術でがんを取り除いたり、放射線という痛くない目に見えない光でがん細胞を殺したり、薬でがん細胞が増えるのを抑えたりする方法があります。
しかし、治療には時間がかかったり、体調を崩したりすることがあるため、今まで通りの生活ができなくなり、仕事や学校を休まなければならなくなるかもしれません。

⑩がんにかかる原因は、細菌やウイルス、持って生まれた体質などさまざまですが、望ましい生活習慣でがんを予防することができます。
研究によると、たばこを吸わないことやたばこを吸っている人の煙を吸わないこと、お酒をたくさん飲まないことが予防法としてあげられます。みなさんは小学生なのでたばこやお酒を口にすることはありませんが、将来大人になったときに気をつけてほしいと思います。
ほかにも運動やバランスのとれた食事ががん予防に効果があり、やせ過ぎや太り過ぎに気をつけることも大切です。特に食事は、野菜や果物を積極的にとるようにし、塩辛いものや熱過ぎるものなどは避けましょう。

⑪それでも、がんを完全に防ぐことはできません。もし、お医者さんから「がん」といわれたらどんな気持ちになるでしょうか。これは、がん患者さんが自分の思いをつづった文章です。
「がんになって悪いことばかりではなかった、周りの人々から愛され、大切にされていることがうれしかった」と書かれています。
みなさんはこれを読んでどのような感想を持ちましたか。少し聞かせてください。いろいろな意見が出ましたね。これはがんになった方のお話ですが、がんだけではなく、いろいろな病気やけがによって、生きていくうえで大切なことに気がつく人は多いです。

⑫では今日のまとめです。
がんは身近な病気であること、子どものころからの望ましい生活習慣は予防の効果があることを学びました。そして、がんだけではなく、いろいろな病気と向き合って頑張っている人をサポートできるように、優しい心、思いやりの心を伸ばしていきましょう。

「"がん"について知ろう」（5・6年）ワークシート

___ 年 ___ 組　名前 _____

1　あてはまるものに○をつけましょう。

①がんについて進んで考えることができましたか？

[　　　できた　　　　　　だいたいできた　　　　　　できなかった　　　]

②がんについてほかの人に伝えることができますか？

[　　　できる　　　　　　だいたいできる　　　　　　できない　　　　　]

2　　　　　　　の中にあてはまる言葉を書きましょう。

①日本人の　　　　　　に１人ががんでなくなっています。

②多くのがんは早く見つけて治りょうすれば治るため、　　　　　　　を

　受けることが大事です。

③望ましい　　　　　　は予防の効果があります。

3　感想や質問を書きましょう。

- 42 -

「“がん”について知ろう」（5・6年）ワークシート解説

___ 年 ___ 組　名前 _____

1　あてはまるものに○をつけましょう。

　　①がんについて進んで考えることができましたか？　◀ **主体的に学ぶ態度**

　　[　　　できた　　　　だいたいできた　　　　できなかった　　　]

　　②がんについてほかの人に伝えることができますか？　◀ **思考・判断・表現**

　　[　　　できる　　　　だいたいできる　　　　できない　　　　]

2　◻◻◻◻ の中にあてはまる言葉を書きましょう。　◀ **知識**

　　①日本人の **3人** に１人ががんでなくなっています。

　　②多くのがんは早く見つけて治りょうすれば治るため、 **がん検しん** を

　　受けることが大事です。

　　③望ましい **生活習慣** は予防の効果があります。

指導する際のポイント

　学校におけるがん教育は、がん対策基本法、がん対策推進基本計画に基づき、「がんについて正しく理解することができる」「健康と命の大切さについて主体的に考えることができる」を目標に指導します。がん予防については、中学校保健体育科保健分野で学習しますが、文部科学省ホームページの小学校版補助教材や映像教材等を活用することで、小学校で指導することも可能です。指導の際は、がん患者やその家族への配慮をお願いします。

エイズについて知ろう（5・6年）

※シナリオはP46～47をご参照ください

① エイズについて知ろう　小学校　5・6年　組

② エイズってどんな病気
1981年　アメリカで初めて確にん
厚生労働省エイズ動向委員会.2016
エイズかん者・感染者　約27,000人
約1億人死亡？
差別・へん見

③ 病原体とは
細きん　ウイルス　カビ

④ 病原体が体の中に入るには
手などでさわる／せきやくしゃみを口や鼻から吸いこむ／空気を吸う

⑤ 感染症を予防するには
体の中に入るのを防ぐ
体のていこう力を高める
病原体をなくす
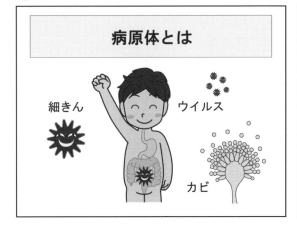

⑥ 体のていこう力とは

血液中の白血球が病原体をこうげきする

⑦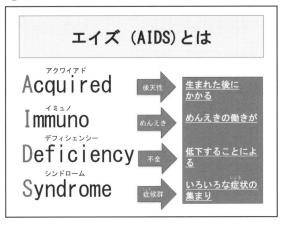

⑧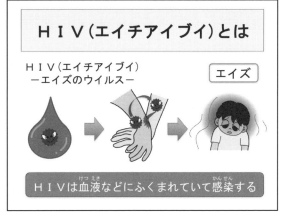

⑨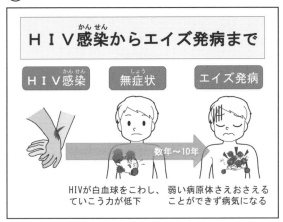

⑩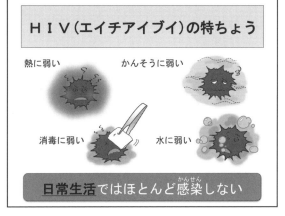

⑪

⑫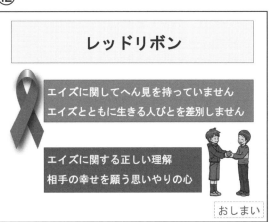

エイズについて知ろう（5・6年）
～シナリオ～

(一般的な学校をモデルに作っていますので、各学校の状況に応じて変更してお使いください)

①私たちは毎日、健康に気をつけて生活をしていますが、それでも病気にかかることがあります。病原体が空気や食べ物を通して体内に入ることを感染といい、病原体がもとになって起きる病気を感染症といいますが、今日は、その感染症の1つ、エイズについてお話しします。

②エイズは、1981年、アメリカで初めて患者が確認されました。
その後、あっという間に世界中に広がり、当時は20年ほどの間に約1億人、エイズにかかって死亡するのではないかといわれていました。
また、人から人にうつる病気であったため、病気にかかった人を仲間に入れず、学校や会社、地域から排除するなどの差別問題が起こりました。
現在、日本のエイズ患者、感染者は約27,000人と報告されています（2016年、厚生労働省エイズ動向委員会）。
エイズは本当に怖い病気で、患者や感染者を排除しなければならない病気なのでしょうか。

③私たちの身の回りには、目に見えない病原体が常に存在しています。
病原体は、「ウイルス」と「細菌」、「カビ」に大きく分けられ、大きさや性質が異なります。いちばん小さい病原体がウイルスです。また、細菌は私たちの体の中にもいます。
みなさんは乳酸菌って聞いたことがありますか。ヨーグルトなどの中に入っている細菌ですが、私たちの腸にもいて、食べ物の消化を助けています。
もちろん体の中には病気を引き起こす細菌もいますが、普段は体に害を与えることなく、みなさんとともに生きています。

④病気のもとになる病原体はどのようにして体の中に入るのでしょうか。
入り方は3つあります。1つ目は、病原体がついたものに触れることで体の中に入ります。例えば、病原体がついたドアノブを触り、その手で食べ物を食べることによって口から体の中に入ってきます。
2つ目は、せきやくしゃみなどによって飛んできたつばやしぶきの中の病原体を、口や鼻から吸い込むことによって体の中に入ります。
3つ目は、空気中に漂っている病原体を、口や鼻から吸い込むことで体の中に入ります。

⑤このような病原体を体の中に入れず、感染症にかからないようにするための方法が3つあります。
1つ目は、手洗いやマスクなどを身につけることで、病原体が体の中に入るのを防ぐ方法です。
2つ目は、規則正しい生活や予防接種を受けて、体の抵抗力を高める方法です。
3つ目は、日光や薬などで消毒を行い、病原体を殺したり弱くしたりする方法です。

⑥体の抵抗力とは、病原体が体の中に入ってきても体を守り、病気にならないようにする働きのことをいいます。目にごみが入ったとき、涙が出てごみを外に出すというのも体の抵抗力の1つです。

ごみよりももっと小さい病原体が体の中に入ると、血液中の白血球がキャッチして、その病原体を攻撃し、病気にならないようにしています。

⑦ところが、エイズは「生まれた後にかかる、免疫の働きが、低下することによる、いろいろな症状の集まり」という意味から名づけられているように、免疫、つまり体の抵抗力が弱くなっていろいろな病気にかかりやすくなっている状態です。

⑧エイズは、HIV（エイチアイブイ）、いわゆるエイズのウイルスに感染して起こる病気です。HIVは感染している人の血液などに含まれていて、ほかの人の皮膚の傷口などに血液がつくと、そこから体内に入り、感染します。

⑨体に入ったHIVは、病原体から体を守る血液中の白血球にとりつき、どんどん壊して、体の抵抗力を低下させます。しかし、HIVに感染してもほとんどの人は長い間エイズの症状は現れません。人によって違いますが、数年から10年で、徐々に抵抗力が低下し、健康なときには抑えることができていた弱い病原体にさえ感染してしまい、いろいろな病気にかかってしまいます。

⑩しかし、HIVは、熱や消毒液、乾燥、水に弱いため、うつる力はとても弱いのです。
日常生活ではほとんど感染しません。

⑪小学生のみなさんがHIV感染について気をつけることは、血液の始末です。
けがをして血が出たり、鼻血が出たりした場合は、自分で血液の始末をするようにしましょう。これはほかの感染症を防ぐのにも、大切なことです。
また、エイズの治療はどんどん進歩しています。
体の中のHIVを完全に取り除く治療法はまだありませんが、HIVに感染しても早期に発見して治療をすれば、エイズの発病を遅らせて、日常生活をこれまで通り送ることができるようにもなってきています。

⑫これはレッドリボンといいます。このリボンには、「私はエイズに関して偏見を持っていません。エイズとともに生きる人々を差別しません」というメッセージが込められています。今日の学習で、エイズは、日常生活ではうつらないこと、予防できること、万が一感染してもすぐには発病しないこと、早期に発見し、治療をすると効果があることがわかりましたね。エイズに関する正しい理解と、今エイズと闘っている方を応援する思いやりの心で、私たちにできることはないかを考えてみましょう。

- 47 -

「エイズについて知ろう」（5・6年）ワークシート

＿＿年＿＿組　名前＿＿＿＿＿＿＿＿＿＿＿＿＿＿

1　あてはまるものに○をつけましょう。

①エイズについて進んで考えることができましたか？

[　　　できた　　　　　だいたいできた　　　　できなかった　　　]

②レッドリボンについてほかの人に伝えることができますか？

[　　　できる　　　　　だいたいできる　　　　できない　　　　　]

2　□□□□の中にあてはまる言葉を書きましょう。

①エイズは HIV に感染し、□□□□□□□の働きが低下することによって

起こる病気です。

②HIV は □□□□□□ などにふくまれていて、皮ふや傷口などから体内に入

り、感染します。

③HIV は □□□□□□ ではほとんど感染しません。

3　感想や質問を書きましょう。

「エイズについて知ろう」（5・6年）ワークシート解説

＿＿ 年 ＿＿ 組　名前 ＿＿＿＿＿＿＿＿＿＿＿＿＿＿＿＿

1　あてはまるものに○をつけましょう。

　　①エイズについて進んで考えることができましたか？　◀ **主体的に学ぶ態度**

　　[　　　できた　　　　　だいたいできた　　　　　できなかった　　　]

　　②レッドリボンについてほかの人に伝えることができますか？　◀ **思考・判断・表現**

　　[　　　できる　　　　　だいたいできる　　　　　できない　　　]

2　□ の中にあてはまる言葉を書きましょう。　◀ **知識**

　　①エイズは HIV に感染し、 **めんえき** の働きが低下することによって

　　　起こる病気です。

　　②HIV は **血液** などにふくまれていて、皮ふや傷口などから体内に入

　　　り、感染します。

　　③HIV は **日常生活** ではほとんど感染しません。

指導する際のポイント

　　エイズについては中学校保健体育科保健分野で、血液成分の働きについては同じく理科で学習しますが、6年生の体育科保健領域「病気の予防」の学習と関連させて指導すると効果的です。小学校においては、「人の卵子と精子が受精に至る過程については取り扱わない」ため、本教材では、HIV は血液などを通して感染するという表現で指導しています。学校の実態により、ほかの感染経路についても指導が必要な場合は、教職員の共通理解と保護者の理解のもとに指導をしてください。

MEMO

3章

地域の保健機関

びょういんたんけん（1・2年）

※シナリオは P54～55 をご参照ください

①

②

③

④

⑤

⑥ びょういんのきまり
- マスクなどをつける
- 大きな声を出さない
- 走り回らない
- まっているときは食べない
- 自分の体のようすをつたえる

- 52 -

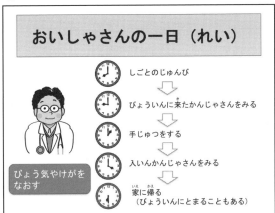

びょういんたんけん（1・2年）
〜シナリオ〜

(一般的な学校をモデルに作っていますので、各学校の状況に応じて変更してお使いください)

①みなさんは「病院」と聞いてどんな気持ちになりますか。
　怖い、痛い、ドキドキするなど、病院やお医者さんが苦手な人もいますね。
　本当に病院は怖いところなのでしょうか。今日は一緒に病院を探検しましょう。

②みなさんはどんなときに病院に行きますか。そうですね。病気やけがをしたときに病院で治してもらいます。
　また、インフルエンザなどの病気を防ぐための注射や、病気を早く見つけるための健康診断なども病院で行っています。

③病気やけがを治してもらう人のことを「患者さん」といいます。
　多くの場合は、患者さんが病院に通って病気やけがを治してもらいますが、「入院」といって病院に泊まって検査をしたり、手術をしたりすることもあります。
　また、お医者さんが直接家に行って患者さんの病気を診ることもあります。

④みなさんが知っている病院の名前を教えてください。
　〇〇病院、〇〇診療所、〇〇医院、〇〇クリニックなど、たくさん知っていますね。
　その中でも入院する人のベッドの数がたくさんあるところを病院といいます。
　事故に遭ってけがをした人が救急車で運ばれてくる病院もあります。また、子どもだけ、けがだけを診るお医者さんや、目や歯などの体の一部分だけを診るお医者さんなど、いろいろなお医者さんがいます。

⑤診療所とは、ベッドがあっても数が少ないか、患者さんが通うだけで入院ができないところをいいます。
　〇〇医院、〇〇クリニックなどは診療所の仲間です。
　みなさんが小さいころからずっと診ていただいているかかりつけのお医者さんの多くが、それにあてはまります。

⑥病院に行くときは、ほかの患者さんのことも考えて、マスクなどをつけて病気をうつさないようにします。
　自分の順番が来るまで大きな声を出したり、走り回ったり、お菓子などを食べたりせず静かに待ちます。
　お医者さんの前では自分の体の様子をしっかり伝えましょう。

⑦これは、とあるお医者さんの一日です。朝、患者さんの病気のことなどをほかのお医者さんたちと話し合い、仕事の準備をします。そのあと病院に来た患者さんを診て、お昼からは手術です。
　無事手術が終わると、入院している患者さんの部屋を診て回り、その日の様子を患者さ

んの症状や経過などを記録するカルテというものに書き留めます。
患者さんの様子によっては、病院に泊まって手当をすることもあります。
このように私たちの病気やけがを治すために一生懸命働いてくれています。

⑧お医者さんは一日に何人も手術をしたり、寝る時間が少ないときもあったりする大変な仕事です。
患者さんからの「ありがとう」の言葉や元気になっていく姿を見るとき、お医者さんになってよかったと思い、やりがいを感じるそうです。

⑨お医者さんのほかにも、病院には患者さんの世話やお医者さんの手助けをする看護師さんがいます。
また体の中の写真を撮るなどの検査をする人や、病気を治すための薬を出す人、入院をしている患者さんの食事の献立を考える人などもいて、病気を治すためにたくさんの人がチームで働いています。

⑩病院によっては入院している子どもたちが、病気を治しながら勉強ができる教室のあるところもあります。
体の具合によっては、ベッドのそばに先生が来て勉強を教えることもあります。

⑪しかし世界には病院やお医者さん、薬の数が足りず、小さいうちに死んでしまう子どもがたくさんいる国があります。
そのため、日本のように病院や薬が十分あり、お医者さんがたくさんいる国では、そのような国にお医者さんや薬を送ったり、病院を建てるのを手伝ったりする活動をしています。

⑫今日は病院や病院で働く人についてお話ししました。ところでみなさんは自分がどこで生まれたかを家の人に聞いたことがありますか。今は、病院で生まれる人がとても多いですね。みなさんは生まれる前のお母さんのおなかにいるときから、そして生まれるときや、生まれてからもお医者さんや看護師さんなどにお世話になっています。
家族や病院の人など、多くの人に支えられていることに感謝をするとともに、自分たちもけがをしない生活や病気に負けない体づくりをして、元気に過ごしていきましょう。

「びょういんたんけん」（1・2年）ワークシート

＿年＿組　名前＿＿＿＿＿＿＿＿＿＿＿＿＿

1　あてはまるものに○をつけましょう。

①びょういんのはたらきについてすすんで考えることができましたか？

[　　　できた　　　　　だいたいできた　　　　できなかった　　　]

②びょういんのはたらきについてほかの人につたえることができますか？

[　　　できる　　　　　だいたいできる　　　　できない　　　　　]

2　 ［　　　　　］ の中にあてはまる言葉を書きましょう。

①びょういんには、「びょう気やけがを ［　　　　　　　］ 」「びょう気をふせぐ」「びょう気を見つける」やくわりがあります。

②びょういんでは、「 ［　　　　　　　］ などをつける」「大きな声を出さない」「走り回らない」「まっているときは ［　　　　　　　］ 」「自分の体のようすをつたえる」などのきまりをまもります。

3　かんそうやしつもんを書きましょう。

「びょういんたんけん」（１・２年）ワークシート解説

__ 年 __ 組　名前 _____

1　あてはまるものに○をつけましょう。

①びょういんのはたらきについてすすんで考える

　　ことができましたか？　◀ **主体的に学ぶ態度**

　　[　　　できた　　　　　だいたいできた　　　　　できなかった　　　]

②びょういんのはたらきについてほかの人につたえる

　　ことができますか？　◀ **思考・判断・表現**

　　[　　　できる　　　　　だいたいできる　　　　　できない　　　　　]

2　　　　　　　の中にあてはまる言葉を書きましょう。　◀ **知識**

①びょういんには、「びょう気やけがを　**なおす**　」「びょう気をふせぐ」

　「びょう気を見つける」やくわりがあります。

②びょういんでは、「　**マスク**　などをつける」「大きな声を出さない」「走

　り回らない」「まっているときは　**食べない**　」「自分の体のようすをつ

　たえる」などのきまりをまもります。

> ### 指導する際のポイント
>
> 　学校においては、健康診断や健康観察、救急処置等により子どもたちの健康状態を把握し、早期発見、早期治療に努めなければなりません。しかし、低学年では、病院に対して「怖い」「痛い」というイメージを持ち、検査や治療が遅れる場合もあります。病院やそこで働く人々について正しく理解し、院内学級や世界の医療状況についても触れることで、病院に対する理解が深まり、自分や他者の命の大切さに気づいてほしいと思います。

健康をささえる地いきの活動（３・４年）

※シナリオは P60〜61 をご参照ください

①

②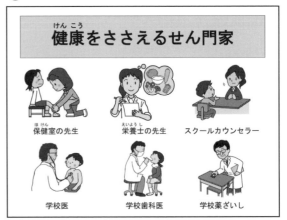

③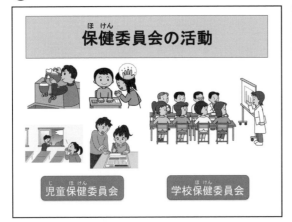

④

⑤

⑥

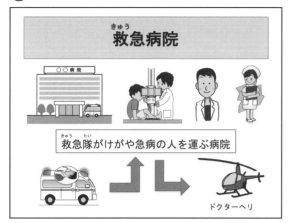
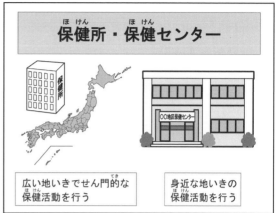
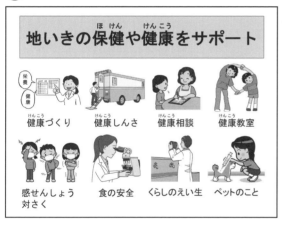

健康をささえる地いきの活動（3・4年）
～シナリオ～

（一般的な学校をモデルに作っていますので、各学校の状況に応じて変更してお使いください）

①3年生の社会科では、消防署や警察署などの見学を行い、地域の人々を火事や事故などから守る安全活動について学習しましたね。
今日は、みなさんの健康を支える地域の活動についてお話しします。

②はじめに学校の中で行われている活動について考えてみましょう。学校にはみなさんの健康を支える専門家がいます。
どんな人がいますか。そうですね。保健室の先生、栄養士の先生、スクールカウンセラー、学校医、学校歯科医、学校薬剤師の先生などがいます。
いつもいる先生と必要なときに来てくれる先生とがいますが、どの先生もみなさんの心と体の健康を見守り、健康な生活のための活動をしています。

③児童保健委員会のみなさんも、手洗い場の石けんを入れる、部屋の窓を開けて空気を入れ替えるように声をかけるなど、学校で病気やけがを防ぐための活動をしています。
また、朝の会で健康チェックを行う、保健新聞を作るなど健康を守るための活動もしています。
さらに、先生や学校医さんだけではなく、家の人や学校の近くに住んでいる人などが参加し、学校と家庭や地域が一緒になって子どもたちの健康問題を解決するための話し合いや取り組みを行う学校保健委員会もあります。

④ある日、A君が走っていて石につまずいて転び、激しく手をつきました。
腕が痛くて動けずに泣いているという知らせを受け、保健室の先生は救急セットを持ってA君のところに駆けつけました。
けがの状況やA君の様子から重症の骨折かもしれないと思い、すぐに教頭先生に連絡をして、救急車をお願いしました。

⑤教頭先生が119番通報すると、「火事ですか？　救急ですか？」と尋ねられました。
消防署は、消防車で火事を消す消防の仕事と、けがや急病ですぐに治療をしなくてはならない人のところに救急車で駆けつけ、処置をしながら病院へ運ぶ救急の仕事があります。
救急隊にはより高度な処置ができる救急救命士という資格を持った隊員もいます。

⑥全国で救急車は、約5秒に1回出動していて、その回数や病院へ運ぶ人数は年々増えてきています（総務省消防庁）。
中にはかぜをひいたぐらいでも救急車を呼ぶ人がいます。このような人が増えると地域の救急車が出払ってしまい、本当に救急車で病院に行く必要がある人を運ぶことができません。救急車は必要なときに使うようにしましょう。
また、救急車が現場に到着するまでに約9分かかるため（総務省消防庁）、その間にで

きる応急手当や事故の防止などについても救急隊が講習会で指導してくれます。

⑦救急隊は、けがや急病の人を救急病院へ運びます。救急病院とは、レントゲン撮影や輸血などができる設備があり、事故などのけがや病気に対応できる医師がいて、救急車がけがや急病の人を運びやすい場所にあるなどの条件を満たした病院です。
　また、医療器具を備えたドクターヘリに医師や看護師が乗り、直接現場に向かうこともあります。

⑧また、私たちの県（都道府、政令指定都市、中核市など）には保健所があります。
　人々の健康を支える中心的な役割をしていて、広い地域で病気の予防や衛生管理などの専門的な活動を行っています。
　市（区町村）の保健センターは、身近な地域の人々の健康を支える活動を行っています。

⑨保健所や保健センターでは、保健師さんを中心に、健康づくりのための指導や、がん検診などの健康診査、健康相談などを行ったり、健康教室を開いたりしています。
　また、病気が流行するのを防いだり、食品や水の検査、犬の登録や予防注射など、身の回りを清潔にして健康を保ち、病気にかからないようにしたりする取り組みも行っています。

⑩保健所や保健センターの活動については、毎月家に届けられる県（都道府、政令指定都市、中核市など）や市（区町村）の広報誌、ホームページから知ることができます。
　また、予防接種や健康診査などについては、直接みなさんの家に案内が届きます。

⑪保健所や保健センターは、みなさんが生まれる前から健康をサポートしてくれています。
　お父さんやお母さんに赤ちゃんとの暮らし方を指導する両親教室や赤ちゃん健診、予防接種、感染症が広がるのを防ぐための学級閉鎖などで関わってくれているのです。
　ほかにもたばこの害についての指導や、歯の健康など、地域の人々が健康な毎日を送るためにいろいろな取り組みをしています。

⑫私たちも地域の一員として、健康を支えることができます。まずは自分の生活や行動に気をつけて、けがや病気を予防しましょう。
　そして、ほかの人の健康を気遣う行動や、保健委員会の活動やボランティア活動、健康についての知識を得るための講習会に参加するなどして保健活動に協力し、地域の健康を支える力を身につけていきましょう。

「健康をささえる地いきの活動」（3・4年）ワークシート

＿＿ 年 ＿＿ 組　名前 ＿＿＿＿＿＿＿＿＿＿＿＿＿＿＿＿＿＿＿＿

1　あてはまるものに〇をつけましょう。

①地いきの活動について進んで考えることができましたか？

[　　　できた　　　　　だいたいできた　　　　できなかった　　　]

②地いきの活動についてほかの人に伝えることができますか？

[　　　できる　　　　　だいたいできる　　　　できない　　　　　]

2　　　　　　　　　の中にあてはまる言葉を書きましょう。

①救急隊は、けがや急病の人を病院へ運ぶ救急活動のほかに、地いきの人な

どにおう急手当や事このぼう止、救急車のよび方などを指どうする

　　　　　　　　　　　も行っています。

②　　　　　　　や　　　　　　　　　は、健康づくりや健康しんさ、健康相

談、健康教室、感せんしょう対さく、食の安全、くらしのえい生、ペットの

ことなどに関する活動を行い、地いきの保健や健康をサポートしています。

3　感想やしつ問を書きましょう。

「健康をささえる地いきの活動」（3・4年）ワークシート解説

＿＿ 年 ＿＿ 組　名前 ＿＿＿＿＿＿＿＿＿＿＿＿＿＿

1　あてはまるものに○をつけましょう。

①地いきの活動について進んで考えることができましたか？　◀ **主体的に学ぶ態度**

［　　　できた　　　　　だいたいできた　　　　　できなかった　　　］

②地いきの活動についてほかの人に伝えることができますか？　◀ **思考・判断・表現**

［　　　できる　　　　　だいたいできる　　　　　できない　　　　　］

2　| | の中にあてはまる言葉を書きましょう。　◀ **知識**

①救急隊は、けがや急病の人を病院へ運ぶ救急活動のほかに、地いきの人な

どにおう急手当や事このぼう止、救急車のよび方などを指どうする

| **こう習会** |　も行っています。

②| **保健所** |や| **保健センター** |は、健康づくりや健康しんさ、健康相

談、健康教室、感せんしょう対さく、食の安全、くらしのえい生、ペットの

ことなどに関する活動を行い、地いきの保健や健康をサポートしています。

指導する際のポイント

　地域の保健活動については、6年生の体育科保健領域「病気の予防」で学習しますが、3年生の社会科「地域の安全を守る働き」や4年生の「人々の健康や生活環境を支える事業」の学習と関連させて指導すると効果的です。自分たちの健康や安全が多くの人の支えによることを理解するとともに、自分たちにもできる健康活動を推進していきたいと思います。保健所や保健センターは、地域によって名称や業務内容が異なるため、実態に応じて変更してください。

薬の話（5・6年）

※シナリオはP66〜67をご参照ください

①
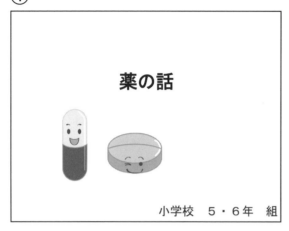

②

③

④
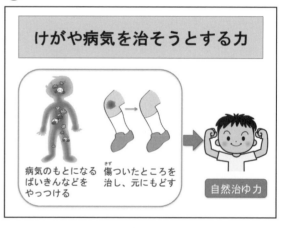

⑤
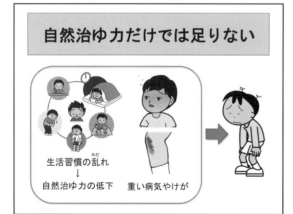

⑥

⑦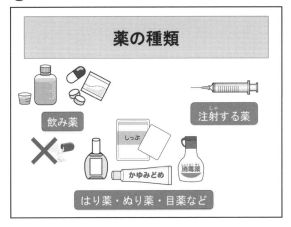

⑧

⑨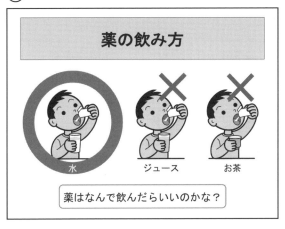

⑩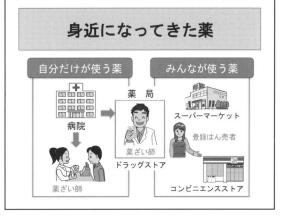

⑪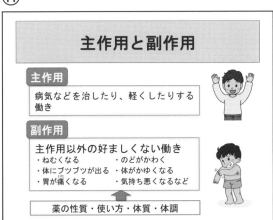

⑫ 約束を守って安全に使う

- 薬は自分だけで勝手に使わない
- 薬を人にあげない、もらわない
- 薬は決められた使い方をする
- 薬の専門家に相談する

医師　薬ざい師　登録はん売者

おしまい

薬の話（小学校5・6年）
～シナリオ～

(一般的な学校をモデルに作っていますので、各学校の状況に応じて変更してお使いください)

①今日は薬についてお話しします。みなさんはこれまでに薬を使ったことがありますか。熱が出たとき、おなかが痛いとき、けがをしたとき、車酔いを防ぐときなどに薬を使った経験があるようですね。
薬はいつ作られ、いつから使われるようになったのでしょうか。

②昔の人は自然にある植物などからけがや病気に効くものを探し出し、薬として使ってきました。薬という漢字は、草かんむりに楽しいと書きます。楽という字は「細かく切る、刻む」という意味がありますが、植物を切り刻みながら薬を作っていた様子が想像できますね。また、1月7日に食べる七草がゆには「春の七草」を入れますが、これらの植物は、昔、かぜや胃腸の薬として使われていたそうです。

③ところで、体の具合が悪くなったときはいつも薬を使わないといけないのでしょうか。例えば、かぜをひいたかなと思ったとき、みなさんはどうしますか。お医者さんに診てもらう人、家に備えてある薬を飲む人、栄養のある食事をとり、早い時間に寝て治そうとする人などがいます。

④私たちの体には、病気のもとになるばい菌などが体の中に入ってきてもそれをやっつける働きがあります。また、けがをして傷ついたところを治し、元に戻す働きもあります。この働きを自然治癒力といいます。
この力のおかげで多くの場合、薬を使わなくても健康に生活することができるのです。

⑤しかし、食事、運動、睡眠などの生活習慣が乱れると、自然治癒力が低下します。
また、重い病気やけがの場合は、自然治癒力だけでは健康を取り戻すことができません。

⑥そのようなときは、安静にして、薬の力を借ります。
薬には病気のもとになるばい菌などをやっつける、痛みや熱などを抑える、私たちの体に備わっているけがや病気を治す力を助ける、などの働きがあります。

⑦薬は、飲み薬と注射する薬と、それ以外の貼り薬や塗り薬、目薬などに分けられます。同じ飲み薬でも、カプセルやタブレット、粉、シロップなど、さまざまな形があります。「カプセルの薬は飲みにくい」といって中身だけを取り出して飲む人がいますが、絶対にしてはいけません。薬は病気などの症状に応じて、体の中で一番よく効く形で作られています。カプセルの薬は、一番効かせたいところで外側のカプセルが溶けるようになっているのです。

⑧薬の効き目を考えて、飲む時間や1日に飲む回数、1回に飲む量も決められています。食前とは食事の約30分前、食後とは食事が終わってから約30分以内を指します。食間

- 66 -

とは食事の途中ではなく、食事が終わってから約2時間後、食事と食事の間に飲むことを指します。飲み忘れたからといって、一度に2回分の量をまとめて飲むようなことは絶対にしてはいけません。効き過ぎて、具合が悪くなるかもしれないからです。

⑨みなさんは薬を飲むとき、何で飲んでいますか。薬が苦いからといってオレンジジュースで飲んだり、食事のときのお茶でついでに飲んだりする人はいませんか。
　薬には相性のよくない飲み物や食べ物があり、一緒に飲むことで効果が出なかったり、逆に強く出過ぎて体に悪い影響を及ぼしたりしてしまうことがあるのです。
　薬はコップに1杯程度の、水かぬるま湯で飲むようにしましょう。

⑩薬は、お医者さんの診察を受けた後、薬剤師さんからもらう自分だけが使う薬と、薬局やドラッグストアなどのお店で買える、みんなが使う薬があります。
　みんなが使う薬は、種類は限られていますが、登録販売者という資格を持った人がいるスーパーマーケットやコンビニエンスストアなどでも取り扱うようになってきています。薬がみなさんにより身近なものになってきました。

⑪しかし、薬には病気などを治したり軽くしたりする主作用と、眠くなる、のどが渇くなどの好ましくない副作用があります。
　それは薬の性質や使い方、使う人の体質や体調によって起こり、使い方を間違えると、命に関わる危険な状態になる恐れもあります。

⑫薬は自分だけで勝手に使わない、薬を人にあげない、もらわない、薬は決められた使い方をする、心配なときはお医者さんや薬剤師さん、登録販売者の人などの薬の専門家に相談するなどの約束を守って安全に使いましょう。

「薬の話」（5・6年）ワークシート

＿＿ 年 ＿＿ 組　名前 ＿＿＿＿＿＿＿＿＿＿＿＿＿＿＿＿＿＿

1　あてはまるものに○をつけましょう。

　①薬について進んで考えることができましたか？

　[　　　できた　　　　　だいたいできた　　　　　できなかった　　　]

　②薬についてほかの人に伝えることができますか？

　[　　　できる　　　　　だいたいできる　　　　　できない　　　　]

2　□□□□□　の中にあてはまる言葉を書きましょう。

　①体には、けがや病気を治そうとする力があり、これを □□□□□□ と

　　いいます。これが低下したり、重い病気やけがをしたりしたときは、薬を

　　使います。

　②薬には、病気などを治したり、軽くしたりする □□□□□ と、ねむくな

　　る、のどがかわく、体にぶつぶつが出る、体がかゆくなる、胃が痛(いた)くなる、

　　気持ちが悪くなるなどの好ましくない □□□□□ があります。

3　感想や質問を書きましょう。

「薬の話」（5・6年）ワークシート解説

__ 年 __ 組　名前 _____

1　あてはまるものに○をつけましょう。

①薬について進んで考えることができましたか？　◀ 主体的に学ぶ態度

　[　　　できた　　　　　だいたいできた　　　　　できなかった　　　]

②薬についてほかの人に伝えることができますか？　◀ 思考・判断・表現

　[　　　できる　　　　　だいたいできる　　　　　できない　　　　　]

2　□□□□ の中にあてはまる言葉を書きましょう。　◀ 知識

①体には、けがや病気を治そうとする力があり、これを　| 自然治ゆ力 |　と
いいます。これが低下したり、重い病気やけがをしたりしたときは、薬を
使います。

②薬には、病気などを治したり、軽くしたりする　| 主作用 |　と、ねむくな
る、のどがかわく、体にぶつぶつが出る、体がかゆくなる、胃が痛くなる、
気持ちが悪くなるなどの好ましくない　| 副作用 |　があります。

指導する際のポイント

　医薬品の正しい使用については、中学校保健体育科保健分野で学習しますが、
6年生の体育科保健領域「病気の予防」の「薬物乱用の害」と関連させて指導す
ると効果的です。薬が子どもたちの身近な存在になっていることから、正しい使
用について理解し、自己管理能力を育成することが大切です。薬物乱用防止教室
の講師や学校薬剤師等と連携した指導についても検討してください。

- 69 -

MEMO

4章

体の成長

大人に近づく体（3・4年）

※シナリオはP74〜75をご参照ください

① 大人に近づく体　小学校　3・4年　組

② パンダの 赤ちゃん
- 体長 10〜15cm／体重 90〜130g
- 体長 120〜150cm／体重 64〜125kg

日本パンダ保護協会

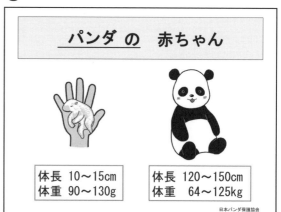

③ 大人になると体が大きくなる
- 10さい 140.2cm ／ 20さい 156.4cm
- 10さい 138.8cm ／ 20さい 173.2cm

平成28年度学校保健統計調査
平成27年度国民健康・栄養調査

④ 身長ののびと体重の変化
小学校高学年から高校生ごろに大きくのびる
もし体重がふえないと
体重もふえる

⑤ ライオンの 赤ちゃん　メス　オス

⑥ 男女の体つきの変化
小学校低学年　大人

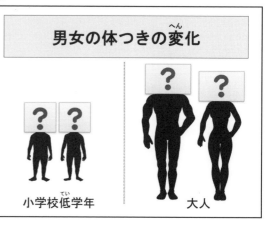

⑦
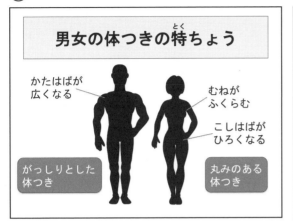

⑧
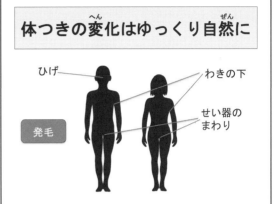

⑨
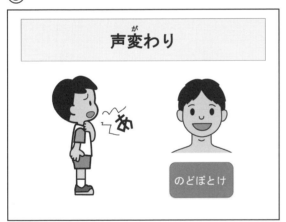

⑩
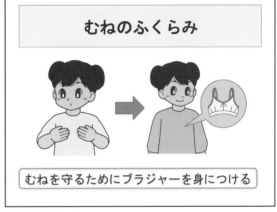

⑪

⑫

大人に近づく体（3・4年）
～シナリオ～

（一般的な学校をモデルに作っていますので、各学校の状況に応じて変更してお使いください）

①小学校に入学してからみなさんは身長がずいぶん伸びましたね。
今日は大人に近づくと、みなさんの体にどんな変化が起こるのかをお話しします。

②これはある動物の赤ちゃんです。なんという動物でしょうか。みなさんはよく知っていますね。パンダの赤ちゃんです。パンダの赤ちゃんの大きさを手で表してみましょう。パンダの赤ちゃんの体長は約10cmから15cm、体重は90ｇから130ｇといわれていますから、片方の手のひらに乗るくらいの大きさです（日本パンダ保護協会）。では、大人のパンダを見てみましょう。赤ちゃんパンダと比べてどこが違いますか。そうですね。大人のパンダは、体が大きく、白黒の模様があります。大人になると体の大きさや姿が変わるんですね。

③私たちの体も大人になるにしたがって大きくなります。これは10歳、20歳の男女の平均身長です。10歳では女子が男子より背が高いのですが、20歳では男子の方がずいぶん高くなります。10歳から20歳までの10年間で女子は約16cm、男子では34cmも伸びます。

④身長は毎年同じように伸びるわけではありません。人によって違いますが、一般に小学校高学年から高校生ごろに大きく伸びるといわれています。
また、身長が伸びるということは体が大きくなっているということなので、体重も増えます。もし体重が増えずに身長だけが伸びたとしたら、やせ過ぎてしまい、体力が不足して、勉強や運動が十分できなくなる恐れがあります。

⑤もうひとつ動物の赤ちゃんを紹介しましょう。これは、なんという動物の赤ちゃんでしょうか。よく知っていますね。ライオンの赤ちゃんです。大人のライオンはどんな姿をしていますか。大人のライオンの絵を描いてみましょう。これが大人のライオンです。みなさんが描いた絵と同じですか。違う人もいるようですね。
もうひとつ大人のライオンの絵があります。こちらの絵を描いた人もいますね。
同じライオンなのに姿が違っているのはなぜでしょうか。そうですね。
ライオンは大人になるとメスとオスで姿が違ってくるのです。

⑥私たちの体はどうでしょうか。
これは小学校低学年と大人のシルエットです。はじめに小学校低学年のシルエットを見てください。どちらが男子で、どちらが女子か、わかりますか？ 顔の部分を出してみましょう。正解は向かって右側が女子、左側が男子です。小学校低学年のころは男女で体つきにちがいはあまりありません。
次に、大人のシルエットを見てください。どちらが男性で、どちらが女性かわかりますか？ 顔を出さなくてもわかりましたね。正解は向かって右側が女性、左側が男性です。

- 74 -

体つきが男女で違うことがよくわかりますね。私たちも大人になるにしたがって男女の体つきに変化が起こるのです。

⑦大人になるとどのような男女の違いが起こるのかを見てみましょう。一般に男子はがっしりとした体つきになり、肩幅が広くなります。女子は丸みのある体つきになり、胸が膨らんできて、腰幅が広くなります。

⑧これは、小学校高学年の男女のシルエットです。このころから体つきの変化が起こりますが、ゆっくり自然に起こるので心配することはありません。ほかにも発毛といって、脇の下や性器の周りに毛が生えてきます。
　男子は口やあごの周りにうっすらとひげが生えることもあります。

⑨ほかにも男子はのどぼとけが目立ってきます。また、声変わりといって、少しずつこれまでの声より低くなり、大人の声に変化します。その間、声が出にくかったり、引っくり返ったり、ガラガラ声になったりすることもありますが、心配はいりません。

⑩胸が膨らみ始めた女子では、胸の先が服に当たってチクチクしたり、しこりができたりして少し痛むことがありますが心配はいりません。胸の成長を妨げずに胸を守るために、ブラジャーをつけることをおすすめします。ブラジャーをまだつけたくない人は、キャミソールやタンクトップの胸の部分にブラジャーがついているものもあるので、家の人と相談して自分に合ったものを選びましょう。

⑪顔や背中にできるにきびが気になる人もいますね。体が成長する時期は、額や鼻、あごなどから皮膚のあぶらがたくさん出ます。このあぶらが、毛穴に詰まり、毛穴の中にすんでいる細菌が増えると、赤いぶつぶつしたにきびや、うみがたまったにきびを引き起こします。にきびができたら、石けんを使って余分な皮膚のあぶらをやさしく洗い流しましょう。にきびをつぶしたり、触ったりはしません。髪の毛がにきびに触れないように、ピンで止めるなどの工夫もしましょう。にきびがなかなか治らない場合は、薬で治すという方法もあります。病院や薬局に相談してみましょう。

⑫今日は大人に近づく体の変化についてお話ししました。
　体の変化は誰にでも起こりますが、人によって早い、遅いがあります。また、背が高い、低い、胸が大きい、小さいなど、体の発育や発達の様子も人によって個人差があります。
　しかし、みなさん一人ひとりの体にぴったりの素敵な成長が待っています。
　大人になる体の変化を楽しみにしながら健康な生活を送りましょう。

「大人に近づく体」（3・4年）ワークシート

___ 年 ___ 組　名前 _____

1　あてはまるものに○をつけましょう。

①大人に近づく体の変化について進んで考えることができましたか？

[　　　できた　　　　　だいたいできた　　　　できなかった　　　]

②大人に近づくにつれて体が変化することをほかの人に伝えることができますか？

[　　　できる　　　　　だいたいできる　　　　できない　　　　　]

2　[　　　　]の中にあてはまる言葉を書きましょう。

①大人に近づくにつれ、一ぱんに、男子は[　　　　　　　]体つきに、女子は[　　　　　　]体つきに変化します。

②声変わりやむねのふくらみ、わきの下や[　　　　　　]の周りに毛が生えるなどの変化も起こります。

③体の変化はだれにでも起こりますが、人によって早い・おそいなどの[　　　　　　]があります。

3　感想やしつ問を書きましょう。

- 76 -

「大人に近づく体」（3・4年）ワークシート解説

＿＿ 年 ＿＿ 組　名前 ＿＿＿＿＿＿＿＿＿＿＿＿＿＿＿＿

1　あてはまるものに○をつけましょう。

①大人に近づく体の変化について進んで考えることができましたか？　**主体的に学ぶ態度**

[　　　できた　　　　だいたいできた　　　　できなかった　　　]

②大人に近づくにつれて体が変化することをほかの人に伝えることが

できますか？　**思考・判断・表現**

[　　　できる　　　　だいたいできる　　　　できない　　　　　]

2　□　の中にあてはまる言葉を書きましょう。　**知識**

①大人に近づくにつれ、一ぱんに、男子は　**がっしりとした**　体つきに、

女子は　**丸みのある**　体つきに変化します。

②声変わりやむねのふくらみ、わきの下や　**せい器**　の周りに毛が生える

などの変化も起こります。

③体の変化はだれにでも起こりますが、人によって早い・おそいなどの

こじん差　があります。

指導する際のポイント

　4年生の体育科保健領域「体の発育・発達」の学習内容の一部を保健指導用教材にしました。成長期は個人差が大きく、4年生で学習するまでに指導が必要な子どももいます。これから起こる体の変化について理解し、さまざまな準備をしておくことで自分の成長を不安なく、肯定的に受け止めることができます。また、性的マイノリティーの子どもについては学級担任や保護者、関係機関と連携し、個別に対応することが大切です。

月経ってなに？（5・6年）

※シナリオはP80〜81をご参照ください

① 月経ってなに？　小学校　5・6年　組

② いつごろ始まるの？
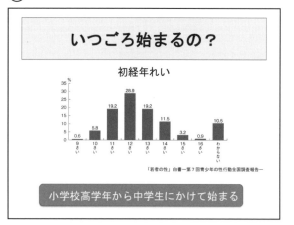
小学校高学年から中学生にかけて始まる

③ 月経ってなに？
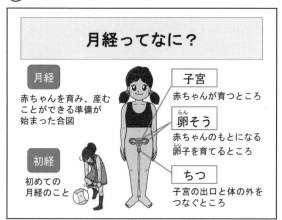

④ どんな準備がいるの？
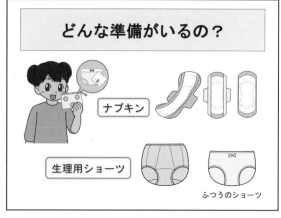

⑤ ナプキンの使い方は？

⑥ もし、よごしてしまったら

⑦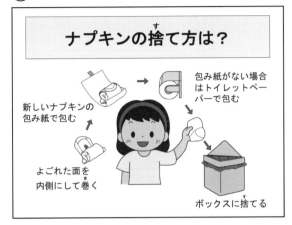

⑧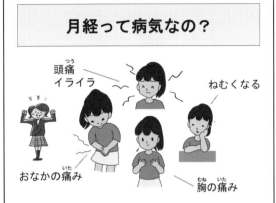

⑨

⑩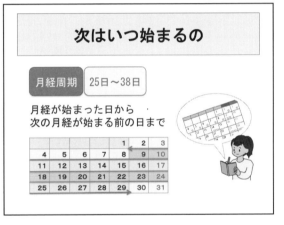

⑪

⑫

月経ってなに？（5・6年）
～シナリオ～

(一般的な学校をモデルに作っていますので、各学校の状況に応じて変更してお使いください)

①大人に近づくにつれて、みなさんの体にはさまざまな変化が起こります。
　今日は、月経について詳しくお話しします。

②月経はいつごろ始まるのでしょうか。高校生に調査したところ、小学校高学年から中学生にかけて初めての月経を迎える人が多いようです（「若者の性」白書－第7回青少年の性行動全国調査報告－）。9歳で始まる人もいれば、まだ始まっていない高校生もいて、個人差があります。

③女子の体のおへその下あたりには、子宮という赤ちゃんが育つところと、卵巣という赤ちゃんのもとになる卵子を育てるところがあります。
　月経は、子宮や卵巣で将来赤ちゃんを育み、産むことができる準備が始まったという合図です。月経が始まるころには、膣という子宮の出口と体の外とをつなぐところを通って、少し白かったり黄味がかったりしたおりものが出て、下着につくことがあります。やがて経血という血液の混じった赤いおりもののようなものが出て、月経が始まったことがわかります。初めての月経を初経といいます。

④経血は、赤ちゃんが育つために子宮の内側を覆っていた栄養などが使われずに体の外に出たものです。膣から出てくる経血を受け止めるためにナプキンなどを使います。人によって経血が出る期間や量は違いますので、その日の量や活動に合わせてナプキンを選びます。生理用ショーツも可能であれば準備します。生理用ショーツは経血の汚れが落ちやすくなっています。月経前にはナプキンと生理用ショーツはまとめてポーチに入れて持っておくと安心です。

⑤「月経になったかも」と感じたら、用意しておいたポーチを持ってトイレに行きます。生理用ショーツがあれば汚れたショーツを脱いで、生理用ショーツに履き替え、膝ぐらいまでひき上げます。
　次にナプキンの包みをはがし、ナプキンを取り出します。ナプキンのシールがついている方をショーツの股の部分にしっかり当て、ナプキンと股の部分がぴったりと沿うようにショーツを履きます。

⑥もし、経血が便器についた場合は、トイレットペーパーで拭いてきれいにします。
　ナプキンを替えずにいると、受け止めきれなかった経血があふれてしまい、ショーツだけではなく服まで汚れてしまうことがあります。
　ナプキンはなるべく休み時間ごとに取り替えるようにしましょう。下着や服が汚れたり、ナプキンがなくなったりした場合は保健室に相談に来てくださいね。汚れたショーツは持ち帰り、水につけてから洗剤でもみ洗いをしましょう。

- 80 -

⑦ナプキンを取り替えるときには、汚れたナプキンをはがし、汚れた面を内側にしてくるっと巻きます。そのあと、新しいナプキンを生理用ショーツにつけます。新しいナプキンの外側の包みは捨てずに、汚れたナプキンを包んでトイレに備えつけのボックスに捨てます。包みがないときは、経血が見えないようにトイレットペーパーで巻いて、ボックスに捨てます。決してナプキンをトイレに流してはいけません。ショーツを履く前には、性器の周りの経血も拭き取りましょう。

⑧月経の期間はだいたい4〜7日ですが、月経中も普段と何も変わらない人もいれば、頭痛やイライラ、おなかや胸の痛み、眠気などを感じる人もいます。月経による刺激で体のさまざまなところに影響が出ることがありますが、こうした症状は人によって違います。
月経は病気ではないので普段と同じ生活をしても構いませんが、体調がすぐれないときは、家の人や先生に話をして少し体を休めましょう。

⑨また、月経時も気持ちよく過ごすためには、体を清潔にする、腰回しなどの軽い体操をする、温かい飲み物や湯たんぽでおなかを温めてリラックスするなどがおすすめです。
月経時に湯船につかっても問題ありませんが、お風呂は家族の最後に入るようにしたり、シャワーのみで済ませたりするのもよいでしょう。

⑩月経が始まると次はいつ来るのか気になりますよね。
月経が始まった日から、次の月経が始まる前の日までを月経周期といいます。初めのころは、次の月経までの期間が長かったり短かったりで安定しませんが、大人になると一定の周期で月経が訪れるため、次の月経を予想することができるようになります。
月経周期は人によって違いますが、一般に25日から38日といわれています（基礎体温推進協会）。次の月経を予想するためにも月経の日をカレンダーに記すのもよいでしょう。

⑪すでに月経を経験している人からお話を聞いてみました。
Ａさん「私は6年生のときに初経がありました。大人の仲間入りをしたみたいでうれしかったです」Ｂさん「私は月経前になると、なぜか食欲がアップするんです」Ｃさん「私は、胸が張ってくるからもうすぐ月経が来るなってわかります」Ｄさん「私はときどきおなかが痛くなって保健室で休ませてもらうこともあるんです」
このように月経についての感じ方や対処の仕方などは人によって違います。

⑫月経は、50歳くらいまで40年近く続きます。約1か月に1回月経があるとして、一生では400回から500回も経験します。さらに、1回に約5日間の月経が続くとすると、月経期間は合計すると約6年にもなります。月経は、将来赤ちゃんを産むための大切な準備であること、約1か月に1回、自分の体の調子や成長を確認するチャンスであることから、自分の生活の一部として上手なつき合い方を工夫していきましょう。

「月経ってなに？」（5・6年）ワークシート

___ 年 ___ 組　名前 _____

1　あてはまるものに○をつけましょう。

①月経について進んで考えることができましたか？

[　　　　できた　　　　　　だいたいできた　　　　　　できなかった　　　　]

②月経についてほかの人に伝えることができますか？

[　　　　できる　　　　　　だいたいできる　　　　　　できない　　　　　　]

2　| | の中にあてはまる言葉を書きましょう。

①月経のときには、ちつから出る経血を受け止めるために、ナプキンや

| | を使います。

②よごれたナプキンは、新しいナプキンの外側の包み紙や

| | に包んで捨てます。

③月経の始まる時期や、月経時の頭痛や腹痛、イライラ、ねむ気、胸の痛み

などは | | があります。

3　感想や質問を書きましょう。

「月経ってなに？」（5・6年）ワークシート解説

＿＿ 年 ＿＿ 組　名前 ＿＿＿＿＿＿＿＿＿＿＿＿＿＿

1　あてはまるものに○をつけましょう。

　　①月経について進んで考えることができましたか？　◀ 主体的に学ぶ態度

　　[　　　できた　　　　　　だいたいできた　　　　　できなかった　　　]

　　②月経についてほかの人に伝えることができますか？　◀ 思考・判断・表現

　　[　　　できる　　　　　　だいたいできる　　　　　できない　　　　　]

2　　　　　　　　　の中にあてはまる言葉を書きましょう。　◀ 知識

　　①月経のときには、ちつから出る経血を受け止めるために、ナプキンや

　　　| 生理用ショーツ |　を使います。

　　②よごれたナプキンは、新しいナプキンの外側の包み紙や

　　　| トイレットペーパー |　に包んで捨てます。

　　③月経の始まる時期や、月経時の頭痛や腹痛、イライラ、ねむ気、胸の痛み

　　　などは　| 個人差 |　があります。

指導する際のポイント

　　4年生の体育科保健領域「体の発育・発達」の単元目標の一つに「思春期には初経、精通などが起こることを理解できる」があります。しかし、保健学習推進委員会（日本学校保健会）が実施している保健の知識テストでは、5年生の初経、精通に関する正解率は28.1%でした。また、月経の手当については「女子だけで指導してほしい」という要望もあります。本教材は授業のほかに、指導や宿泊を伴う行事等でも、繰り返しご活用いただければと思います。

射精ってなに？（5・6年）

※シナリオはP86〜87をご参照ください

①

②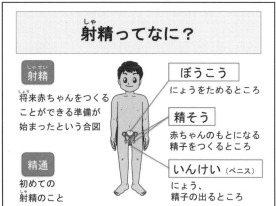

③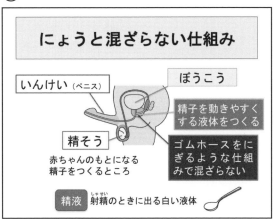

④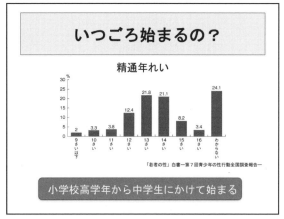

⑤

⑥

⑦

⑧

⑨

⑩

⑪

⑫

射精ってなに？（5・6年）
～シナリオ～

(一般的な学校をモデルに作っていますので、各学校の状況に応じて変更してお使いください)

①大人に近づくにつれて、みなさんの体にはさまざまな変化が起こります。今日は、射精について詳しくお話しします。

②男子の体には、赤ちゃんのもとになる精子をつくる精巣というところがあり、股のところにある２つの袋の中に入っています。
　射精は、将来赤ちゃんをつくることができる準備が始まったという合図です。
　普段、陰茎（ペニス）は膀胱にたまった尿を体の外に出していますが、大人に近づくにつれて、精子の混ざった白い液体が出ることがあります。それが射精で、初めての射精を精通といいます。

③陰茎（ペニス）から、尿ではない白い液体が出ると聞いてびっくりした人がいるかもしれませんね。この白い液体のことを精液といいます。１回に出る量は小さなスプーン１杯程度です。
　精液は、精巣でつくられた精子と、精子を動きやすくする液体が混ざり合ったものです。精液の管と尿の管は、必要に応じてゴムホースをぎゅっと握るようにして精液や尿を出すのを抑えられるような仕組みになっているため、お互い交じり合うことはありません。また、射精が起こるとき、気持ちの良い感じがして陰茎（ペニス）は硬くなり、立ってきます。

④射精はいつごろ始まるのでしょうか。高校生に調査したところ、小学校高学年から中学生にかけて初めての射精を迎える人が多いようです（「若者の性」白書－第７回青少年の性行動全国調査報告－）。９歳までに始まる人もいれば、まだ始まっていない高校生もいて個人差があります。また、初めての射精がいつだったかよくわからないという人も多いです。

⑤射精は、主に次のような場合に起こります。１つ目は、キスシーンなどの性的な場面を見ていた、２つ目は、陰茎（ペニス）が何かで刺激された、３つ目は寝ている間に性的な夢を見たり、下着で陰茎（ペニス）がこすれたりなどの刺激を受けた場合です。寝ているときに初めて射精を経験した人は、朝、パンツがぬれていることに気づき、おねしょと勘違いするかもしれませんが、射精で出る精子はおねしょの尿とは違ってごくわずかの量で、色や触った感じも違うので見分けがつきます。また、射精は定期的に起こるというものではなく、何かの刺激がきっかけで起こるものです。

⑥もし、パンツが汚れてしまったら、汚れた部分を手洗いしておきます。家の人が心配して何か聞いてきた場合は、「汚れたから自分で手洗いしておいた」と伝えましょう。射精のことで不安なことがあれば、男性の家族や先生などに相談するのもよいでしょう。

⑦ほかにも陰茎（ペニス）の形や大きさについて心配する人がいますが、一人ひとり成長の時期もペースも違うため、個人差があり心配する必要はありません。陰茎（ペニス）は大切なところなので、風呂で清潔にします。また、ふざけて陰茎（ペニス）を傷つけることや人前で触ることはやめましょう。

⑧すでに射精を経験している人からお話を聞いてみました。
　　Ａさんは「いきなり、陰茎（ペニス）が硬くなってびっくりしました」
　　Ｂさんは「パンツのことで家族に何か言われないかドキドキしました」
　　Ｃさんは「病気になったのではないかと不安になって、お父さんに相談しました」
　　Ｄさんは「寝ている間だったので、おねしょだと思いました」
　　このように射精についての感じ方や対処などは人によって違います。

⑨射精だけではなく、体の変化に伴う悩みも増えてきます。
　　背が伸びないことを心配する人もいますが、成長のスピードは人によって違います。中学や高校になって伸びる場合も多いのです。さらに、声変わりやひげが恥ずかしいという人もいますが、個人差はあっても誰もが経験する体の変化です。自分の体の変化を素晴らしい成長として受け止めてほしいと思います。

⑩体の変化とともに心もゆっくりと変化していきます。人を好きになる恋愛感情を抱く人もいるかもしれません。自分の好きな人に関心を持つことは自然なことですが、「好き」という気持ちをうまくコントロールできず、自分の気持ちだけで行動したり、相手の嫌がることをして気を引こうとしたりすることは絶対にしてはいけません。

⑪また、テレビや、携帯電話、パソコンなどの普及により、簡単に情報を手に入れることができるようになりました。
　　しかし中には、間違った情報や無責任な情報、人権を無視した内容や犯罪にかかわる誘いなどがあるので、信頼できる情報を見極めることが大事です。情報機器にばかりに頼るのではなく、図書館で調べたり、信頼できる大人にも相談したりして正確な情報を身につけましょう。また、インターネットを使うときは、その情報を提供している人が信頼できる人かどうかを確認しましょう。

⑫今日は射精について勉強しました。射精の始まりは将来父親になるための準備ともいえます。女性の体には将来赤ちゃんを育み、産むための働きが備わっているように、男性の体にも赤ちゃんのもとになる精子をつくるという大切な働きがありましたね。
　　これからみなさんは中学生になり、体の変化がより活発になってきます。より良い成長のために生活習慣を整えることや、揺れ動く自分の気持ちをコントロールする力を身につけていきましょう。

「射精ってなに？」（5・6年）ワークシート

___ 年 ___ 組　名前 _____

1　あてはまるものに○をつけましょう。

　①射精について進んで考えることができましたか？

　[　　　できた　　　　　だいたいできた　　　　　できなかった　　　]

　②射精についてほかの人に伝えることができますか？

　[　　　できる　　　　　だいたいできる　　　　　できない　　　　　]

2　□□□□□の中にあてはまる言葉を書きましょう。

　①射精のときに出る精液は、□□□□□と混ざることはありません。

　②射精は、性的な場面を見てドキドキしたとき、□□□□□□□□が

　　し激されたとき、ねているときなどに起こります。

　③精通や身長ののびる時期、声変わりなどの体の変化と、好きな人への関心

　　などの心の変化には□□□□□があります。

3　感想や質問を書きましょう。

「射精ってなに？」（5・6年）ワークシート解説

___ 年 ___ 組　名前 _____

1　あてはまるものに○をつけましょう。

①射精について進んで考えることができましたか？　◀ 主体的に学ぶ態度

　[　　　できた　　　　　だいたいできた　　　　　できなかった　　　]

②射精についてほかの人に伝えることができますか？　◀ 思考・判断・表現

　[　　　できる　　　　　だいたいできる　　　　　できない　　　　　]

2　|　　　　　|の中にあてはまる言葉を書きましょう。　◀ 知識

①射精のときに出る精液は、| **にょう** |と混ざることはありません。

②射精は、性的な場面を見てドキドキしたとき、| **いんけい（ペニス）** |が
し激されたとき、ねているときなどに起こります。

③精通や身長ののびる時期、声変わりなどの体の変化と、好きな人への関心
などの心の変化には| **個人差** |があります。

指導する際のポイント

　精通平均年齢が中学生であることや、月経と比べて精通は本人が自覚しにくい
こと、ナプキンのような準備するものが不要であることなどから、何をどこまで
指導したらよいのか戸惑うことが多いように思います。本教材は、精通の簡単な
仕組みについて指導しながらも性意識や性衝動、性情報についても取り上げてい
ますが、性的マイノリティーの子どもへの配慮をしながら指導をお願いします。

MEMO

5章

心の健康

○○○の発達？（5・6年）

※シナリオは P94～95 をご参照ください

①
○○○の発達？
小学校　5・6年　組

② ○○○の発達ってなに？
- 成長：身長や体重などが大きくなること
- 発達：働きや能力が進歩すること

③ どんな漢字が入るかな？
田心／亡心／亜心／士心／非心／愛
思う　忘れる　悪　志　悲しい　愛する

心（こころ）の発達

④ 心の働き
- 悲しい 愛する → 感情
- 思う 忘れる → 思考力
- 悪 志 → 社会性

⑤ 心はどこで働くの？

心の働きは「脳」にある

⑥ 「脳」の仕組み

新しい脳
・運動する・話す
・見る・聞く
・さわる　など
・記おくする
・考える
・判断する　など
→ よりよく生きるための人間らしい心

古い脳
生命を保つための働き
・気持ち良い
・気持ち悪い
・楽だ
・苦しい　など
→ 生命を保つための単純な心

- 92 -

⑦

⑧

⑨

⑩

⑪

⑫

○○○の発達？（5・6年）
～シナリオ～

（一般的な学校をモデルに作っていますので、各学校の状況に応じて変更してお使いください）

①今日は、○○○の発達についてお話しします。○○○には、ひらがな3文字の言葉が入ります。考えてみましょう。
「からだ」という意見が出ましたね。ほかに思いつく言葉はありませんか。

②一般に、身長や体重などの体の大きさが、年齢とともに大きくなることを、成長といいます。同じ体の変化でも、学習などによりその働きや能力が進歩することを発達といいます。例えば、箸を正しく持つことができる、走るのが速くなるなどが発達です。

③もう一度○○○について考えてみましょう。ヒントです。田んぼの「田」という漢字がありますね。この字の下に漢字を入れて合体すると、また別の漢字になります。
合体する字が今日のお話のテーマである○○○です。ほかのヒントも見てみましょう。
□の中にはどれも同じ字が入ります。
そうですね。心です。「心」が入ることで、心に関係した意味の漢字になりましたね。
今日は心の働きがどのように発達していくのかについて勉強します。

④心の働きは主に3つあります。「悲しい」「愛する」などは心の動きを表す言葉ですね。心には「感情」を表現する働きがあります。「思う」「忘れる」は、心の働きを表す言葉です。心はこれまでの学びや経験を記憶し、思い出して考える「思考力」の働きがあります。また、「悪」は道徳や規則に反すること、「志」は目標という意味だけではなく、相手を思う気持ちという意味があります。心には、決まりを守ったり、ほかの人を思いやったり、協力したりするなどの働きがあります。これを「社会性」といいます。

⑤みなさん、心の働きは体のどこで行われていると思いますか。理由も考えてください。「とても大切なものだから体の中心で行われる」「悩んだり考えたりするから脳で行われる」「うれしいときやびっくりしたときは心臓がドキドキするから心臓で行われる」などの意見がありますね。ほかの人の意見も参考にしながら、心の働きが行われていると思う場所に手を当ててみましょう。そうですね。心の働きは脳で行われます。

⑥この絵は、頭の中の脳の様子です。りんごを縦半分に切るように脳を縦に切って横から見たものです。脳は「新しい脳」と「古い脳」からできています。りんごの芯に当たる部分が古い脳です。新しい脳には、運動する、話す、見る、聞く、触るなどの働きがあります。そして、得た情報から記憶する、考える、判断するといったよりよく生きるための人間らしい心の働きを行っています。古い脳は生命を保つために呼吸をしたり、心臓を動かしたりする働きがあります。また、気持ちの良いときや楽なときは笑い、気持ちの悪いときや苦しいときは泣くなどの単純な心の働きが生まれながらに備わっていて、体の状態を知らせ、生命を保っています。

⑦生まれたばかりの赤ちゃんは、古い脳が働くことによって生命を保っていますが、新しい脳はまだうまく働いていません。そのため、歩くことも話すことも、一人でご飯を食べることもできません。家族に見守られながら、約1年かけて、寝返り、ハイハイ、お座り、一人立ちを経験し、やっと一人で歩くことができるようになります。

　つまり、年齢に伴って脳が発達することで、できることがどんどん増えていくのです。

⑧心の働きの1つ、感情の発達について、「泣く」を例に考えてみましょう。赤ちゃんのときは、おむつがぬれて気持ちが悪い、痛みがあって苦しいなどの場合、古い脳が働いて、生命を保つために泣きます。しかし、みなさんの年齢になると、新しい脳が働くようになり、悲しいときやうれしいとき、感動したときにも涙が出て、複雑な感情を表現できるようになります。また、そのときの気持ちを泣いて表現するだけではなく、話す、書くなどの別の方法で上手に表現することができるようにもなります。

⑨思考力の発達については、筆箱を発見した場合を例に考えてみましょう。赤ちゃんのときは、何かな？　と思って筆箱に近づき、ペンや鉛筆を口に入れてしまうかもしれません。筆箱やペンについての知識がなく、興味だけで行動すると命に関わる大事故につながることがあります。しかし、みなさんの年齢になると、これは誰のものだろう、探しているかもしれない、机の上に置いておこう、家族に伝えようなどと筋道を立てて考え、行動することができるようになります。

⑩社会性の発達については、ボール遊びを例に考えてみましょう。小さい頃は、みんながボールを持ちたくて我慢できず、1つのボールを取り合い、ゲームにならないことがありましたね。しかし、みなさんの年齢になると、ルールを守り、人を思いやり、みんなで協力しながら、楽しく遊ぶことができるようになります。

⑪このように心の働きも年齢に伴って発達していきますが、自分一人で発達するものではありません。多くの人と関わる中で発達していきます。

　元気がない友達を励ましたり、困っている人に声をかけたり、いつもお世話になっている地域の見守り隊の方に感謝の気持ちを伝えたりするなど、相手の気持ちを考えた行動を心がけていますか。

　また、友達から嫌なことを言われた場合でも、まずは落ち着いて自分の考えを話したり、場所を変えたりして感情をコントロールしたりするように努力していますか。

⑫みなさんの心はまだ発達の途中です。感情がうまくコントロールできないことがあるかもしれません。でも、心は発達します。さまざまな年齢の方との触れ合い体験や、仲間と協力する活動、自然体験やお手伝い、学習や読書、スポーツや芸術鑑賞などに積極的に参加して、心を豊かに発達させましょう。

「○○○の発達？」（5・6年）ワークシート

__ 年 __ 組　名前 _____

1　あてはまるものに○をつけましょう。

①心の発達について進んで考えることができましたか？

[　　　できた　　　　　だいたいできた　　　　　できなかった　　　]

②心の発達や働きについてほかの人に伝えることができますか？

[　　　できる　　　　　だいたいできる　　　　　できない　　　　　]

2　□□□の中にあてはまる言葉を書きましょう。

①心には、□□□□、思考力、社会性といった働きがあります。

②心の働きは、□□にあり、年れいにともなって発達します。

③多くの人と関わる中で、相手の気持ちを考えて行動したり、感情を

　□□□□□したりする力が身についていきます。

3　感想や質問を書きましょう。

「○○○の発達？」（5・6年）ワークシート解説

＿＿ 年 ＿＿ 組　名前 ＿＿＿＿＿＿＿＿＿＿＿＿＿＿＿＿

1　あてはまるものに○をつけましょう。

①心の発達について進んで考えることができましたか？　◀ 主体的に学ぶ態度

[　　　できた　　　　　だいたいできた　　　　　できなかった　　　]

②心の発達や働きについてほかの人に伝えることができますか？　◀ 思考・判断・表現

[　　　できる　　　　　だいたいできる　　　　　できない　　　　]

2　☐☐☐☐の中にあてはまる言葉を書きましょう。　◀ 知識

①心には、　感情　、思考力、社会性といった働きがあります。

②心の働きは、　脳　にあり、年れいにともなって発達します。

③多くの人と関わる中で、相手の気持ちを考えて行動したり、感情を
　コントロール　したりする力が身についていきます。

指導する際のポイント

　5年生の体育科保健領域「心の健康」の学習内容の一部を、保健指導用教材にしました。心など、可視化しにくいものを指導する場合、子どもの身近な生活を事例に具体的に指導することで理解が深まります。大脳の機能については高等学校保健体育科科目「保健」の「現代社会と健康」の「精神の健康」で必要に応じて扱う程度となっていますので、子どもの実態に応じて補足説明をお願いします。

不安やなやみとの付き合い方（5・6年）

※シナリオは P100〜101 をご参照ください

① 不安やなやみとの付き合い方 — 小学校　5・6年　組

② 不安やなやみの原因

小学校高学年のなやみや心配なこと（複数回答）

- 勉強や進学のこと 32.8%
- 友達や仲間のこと 12.4%
- 健康のこと 12.1%
- 性格のこと 11.2%
- お金のこと 5.9%
- 家族のこと 3.0%
- 異性のこと 1.9%
- 性に関すること 1.7%
- 容姿のこと 1.5%
- そのほか 0.3%
- なやみや心配なことはない 50.3%

内閣府　平成25年度　小学生・中学生の意識に関する調査

③ 不安やなやみはなくていいの？

なやみなし／なやみあり／なにを間ちがえた？／どうしたらいい？／自分を高めるチャンス

④ 不安やなやみが長く続くと

頭が痛い／ねむれない／やる気が出ない／おなかが痛い／勉強などに集中できない／食欲がない／力が発きできない

体の不調や生活に悪えいきょうをおよぼすことがある

⑤ 自分を元気にする言葉

- 案ずるより産むがやすし
  あれこれと心配するよりも、物事は実際にやってみると、案外たやすくいくものだということ
- 失敗は成功のもと
  失敗してもあきらめないで、よくそのわけを考え、注意深くやれば、次には立派にできるということわざ
- 三人寄れば文じゅの知恵
  三人集まって相談すれば、いい知恵がわいてくるということ
- 短気は損気
  せっかちでおこりやすいのは、結局は、損をするということ
- 七転び八起き
  何回失敗しても、心がくじけずに、また勇気を出してやり直せること

『例解学習国語辞典』第九版 小学館

⑥ 問題と向き合う

テストが心配 →勉強する／仲直りできずにもやもやしている →あやまる／思いちがいをしてないか心配 →話し合う／泳ぐことができるか不安 →練習する／発表会できん張 →練習する

⑦

⑧

⑨

⑩

⑪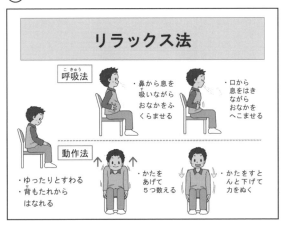

⑫

不安やなやみとの付き合い方（5・6年）
～シナリオ～
（一般的な学校をモデルに作っていますので、各学校の状況に応じて変更してお使いください）

①みなさんはこれまでに不安や悩みを経験したことがありますか。小学校高学年になると、成長に伴って心や体が変化し、学習や運動などの活動も活発になります。また、人との関わりも増え、不安や悩みを少しずつ経験するようになります。今日は不安や悩みとの付き合い方についてお話しします。

②このグラフは、小学校4年生から6年生を対象に悩みや心配なことについて調査したものです。勉強や進学のことで悩む人が多く、ほかにも友達や仲間のこと、健康のこと、性格のことなど、いろいろな悩みを感じています。また、「現在、悩みや心配なことはない」という人が約半数いますが、悩みや不安は誰もが経験するものです。

③不安や悩みがないと、心がすっきりして気分よく過ごせますが、不安や悩みが全くないとどうなるのでしょうか。
例えば、テストの点数が25点だったとします。何も悩まずにいると、いつまでも勉強がわからないままになるかもしれません。しかし、何を間違えたのだろう、どんな勉強をしたらいいのだろうと悩むことで、自分を振り返り、勉強方法を見直すきっかけができ、成績があがるかもしれません。不安や悩みは、自分を高めるチャンスともいえます。

④しかし、不安や悩みが長く続くと、眠れない、頭やおなかが痛い、食欲がないなど、体の不調を引き起こすことがあります。
また、やる気が出ない、勉強などに集中できない、いつもの力を発揮できないなど、生活に悪い影響を及ぼすことがあります。それを防ぐためには、不安や悩みと上手に付き合うことが大切です。

⑤不安や悩み、緊張などで心がくじけそうなときは、ことわざや名言などがみなさんを元気にしてくれます。例えばこんな言葉です。何か心配なことがある人には「案ずるより産むがやすし」、何か失敗してしまった人には「失敗は成功のもと」、一人で悩んでいる人には「三人寄れば文じゅの知恵」、少しイライラしている人には「短気は損気」、何度もうまくいかなくてくじけている人には「七転び八起き」の言葉を贈りますね。自分の好きなスポーツ選手やアーティストの言葉なら、なおさら心に響くかもしれません。

⑥テストや発表会、友達との関係で不安になったり悩んだりすることがありますが、勉強や練習をする、謝る、話し合いをするなど、不安や悩みの問題と向き合い、それを取り除くことも1つの方法です。

⑦不安や悩みと向き合う方法がわからないときや、解決に向けてチャレンジしたけれどうまくいかない場合は、誰かに相談しましょう。
友達でもいいですし、先生や家族は人生の先輩なので親身になって相談に乗ってくれる

し、きっとよいアドバイスをくれます。希望すればスクールカウンセラーの先生に相談することもできます。どうしても身近な人に相談できない場合は、「24時間子供SOSダイヤル」で相談することもできます。自分一人で悩まないで、誰かと一緒に解決する方法を考えましょう。

⑧ほかにも悩みや不安を別のもので発散し、気分転換を図る方法があります。好きなスポーツやストレッチ、散歩、友達とのおしゃべり、歌やダンスなどで体を動かすことで、心もすっきりします。ゲームで発散することも1つの方法ですが、やり過ぎには注意しましょう。

⑨自分やほかの人の体を傷つける、誰かをいじめる、物を壊す・物に当たるといった発散方法は絶対にしてはいけません。また、むやみに食べてしまう「やけ食い」も、体に悪影響を及ぼしてしまうので、してはいけません。

⑩おふろに入る、寝る、ゆったりとした音楽を聴く、心地よい香りのアロマをかぐ、本を読む、お茶を飲むなどを行い、リラックスをして心を落ち着かせる方法もあります。

⑪いつでもどこでも不安や緊張をほぐすことができるリラックス法を紹介します。椅子にゆったりと座り、背もたれから離れます。おなかに手を当てて鼻から息を吸いながらおなかを膨らませ、口から息を吐きながらおなかをへこませます。
次に肩を動かしてリラックスする方法です。そのまま肩をまっすぐあげて、ちょっときついなと思うところでとめて5つ数えます。力を抜いて肩をすとんと下ろします。体がじんわりと温かくなり、心が落ち着いてきたような感じがしませんか。

⑫心地よいイメージを持ったり、自分にメッセージを送ったりする方法もあります。
ときには思いっきり泣いたり笑ったりすると心がすっきりする場合もあります。
今日は不安や悩みとの付き合い方について紹介しました。
いろいろ試しながら自分に合った方法を見つけましょう。

「不安やなやみとの付き合い方」（5・6年）ワークシート

＿＿ 年 ＿＿ 組　名前 ＿＿＿＿＿＿＿＿＿＿＿＿＿＿

1　あてはまるものに○をつけましょう。

①不安やなやみとの付き合い方について進んで考えることができましたか？

[　　　　できた　　　　　だいたいできた　　　　　できなかった　　　　]

②不安やなやみとの付き合い方についてほかの人に伝えることができますか？

[　　　　できる　　　　　だいたいできる　　　　　できない　　　　　　]

2　　　　　　　の中にあてはまる言葉を書きましょう。

①不安やなやみは自分を高めるチャンスですが、長く続くと　　　　　　　

を引き起こし、生活にも悪えいきょうをおよぼすことがあります。

②不安やなやみについては、問題と向き合いそれを取り除く、　　　　　す

る、気分転かんをする、　　　　　　　　　するなど、自分に合った付き合

い方を見つけましょう。

③自分やほかの人の　　　　　　　　、だれかをいじめる、物に当たる、

やけ食いなどの発散方法は絶対にしてはいけません。

3　感想や質問を書きましょう。

「不安やなやみとの付き合い方」（5・6年）ワークシート解説

＿＿ 年 ＿＿ 組　名前 ＿＿＿＿＿＿＿＿＿＿＿＿＿＿

1　あてはまるものに○をつけましょう。

①不安やなやみとの付き合い方について進んで考えることが

　できましたか？　◀ **主体的に学ぶ態度**

[　　　できた　　　　　だいたいできた　　　　　できなかった　　　]

②不安やなやみとの付き合い方についてほかの人に伝えることが

　できますか？　◀ **思考・判断・表現**

[　　　できる　　　　　だいたいできる　　　　　できない　　　　　]

2　￼の中にあてはまる言葉を書きましょう。　◀ **知識**

①不安やなやみは自分を高めるチャンスですが、長く続くと　**体の不調**

　を引き起こし、生活にも悪えいきょうをおよぼすことがあります。

②不安やなやみについては、問題と向き合いそれを取り除く、　**相談**　す

　る、気分転かんをする、　**リラックス**　するなど、自分に合った付き合

　い方を見つけましょう。

③自分やほかの人の　**体を傷つける**　、だれかをいじめる、物に当たる、

　やけ食いなどの発散方法は絶対にしてはいけません。

指導する際のポイント

　　5年生の体育科保健領域「心の健康」の学習内容の一部を、保健指導用教材にしました。自分を元気にする言葉として、子どもたちが憧れるスポーツ選手などの言葉を用いたり、リラックス法以外にも体ほぐしの運動を行い、運動領域と保健領域の関連を図ったりすると効果的です。また、健康相談や個別の保健指導においても集団への保健指導と関連づけながら指導すると、子どもの理解や解決の手立てになります。

心と体の健康観察（5・6年）

※シナリオは P106〜107 をご参照ください

①
心と体の健康観察

小学校　5・6年　組

②
朝の健康観察

【目的】
- 心と体の異常を早く見つけ、早く対応をするため
- 学校全体に関わる病気などが起こっていないか調べ、予防したり、広がるのを防いだりするため
- 自分の健康を守り育てる力を養うため

③
健康チェック

あてはまるものに✔をつけましょう

- ☐ 頭が痛い
- ☐ おなかが痛い
- ☐ 熱っぽい
- ☐ せきをしている
- ☐ のどが痛い
- ☐ 気持ちが悪い
- ☐ 元気がない
- ☐ だるい
- ☐ ねむい
- ☐ 目がかゆい、赤い
- ☐ 鼻水・鼻づまり
- ☐ 耳が痛い
- ☐ ほおやあごが痛い
- ☐ 皮ふがかゆい、しっしん
- ☐ 関節が痛い
- ☐ けがをしている
- ☐ そのほか（　　　）
- ☐ 元気です

④
体の症状が起こる原因

☑ 頭が痛い

 病気
 かん境
 生活習慣
 心

けが

⑤
心と体をチェック

☑ 頭が痛い
1. 頭痛がする。
2. 心配事などで苦しみなやむさま。

『大辞林』三省堂

心の状態が体の症状として現れることがある

⑥
体の言葉で気持ちを表す

顔	手	腹	目
から火が出る	につかない	が立つ	の前が真っ暗になる

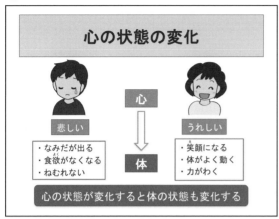

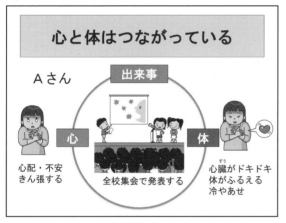
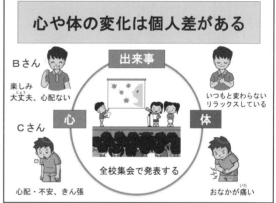

心と体の健康観察（5・6年）
～シナリオ～

（一般的な学校をモデルに使っていますので、各学校の状況に応じて変更してお使いください）

①みなさん、今日も元気に登校できましたか。
　意識して心や体をチェックしないと、自分の調子の変化に気がつかないことがあります。今日は、心や体の状態を知るための健康観察についてお話しします。

②毎朝学校では、出欠の確認のときにみなさん一人ひとりの健康観察を行っています。これによって、みなさんの心と体の異常を早く見つけ、早く対応をすることができます。また、学校全体に関わる病気、例えばインフルエンザや感染性胃腸炎などが起こっていないかを調べ、事前に予防したり、広がるのを防いだりすることができます。
　さらに、健康観察を通してみなさんが自分の体に関心を持ち、自分で健康を守り育てることができます。

③今から健康チェックをしてみましょう（チェックリストはP110に掲載）。頭やおなかなどの体の部位や全身の症状について、自分の体に問いかけながら確認し、当てはまるものがあれば印をつけてください。健康チェックができましたか。ほとんどの人が「元気です」にチェックが入っていますが、ほかの項目にチェックが入っている人もいますね。「頭が痛い」にチェックしている人もいます。

④頭が痛くなった理由を考えてみましょう。
　たんこぶなどのけがによる痛み、かぜなどの病気による痛み、寝不足などの生活習慣による痛み、長い時間締め切った部屋にいた場合などの環境が原因の痛み、心配事などの心の問題による痛みなどが考えられます。
　また、いくつかの原因が重なって頭が痛いという体の症状を引き起こす場合もあります。

⑤また、「頭が痛い」という言葉の意味を辞書で調べると、「１、頭痛がする」「２、心配ごとなどで苦しみ悩むさま」とあります。
　「頭が痛い」は体の痛みだけではなく、心の痛みも表すことがあります。例えば「誤って物を壊してしまった。どうしよう」と心配な心の状態が、頭が痛いという体の症状として現れることがあるのです。
　このように健康観察では、心と体の両方の状態をチェックしています。

⑥「頭が痛い」以外にも体の部位で気持ちを表す慣用句があります。□の中に体のある部分を表す漢字を１つ入れて、慣用句を完成させてください。
　では答え合わせをしましょう。左から顔、手、腹、目という漢字が入ります。「顔から火が出る」とは恥ずかしくて顔が赤くなるという意味です。「手につかない」とは、ほかのことが気になって、すべきことに集中できないという意味です。「腹が立つ」とは怒りが我慢できないという意味です。「目の前が真っ暗になる」とは絶望的になり、どうすればいいのかわからなくなるという意味です。どの言葉も体の状態を使って、うま

く心の状態を表しています。

⑦心の状態が変化すると体はどうなるのでしょうか。心が悲しいと涙が出たり、食欲がなくなったり、眠れなかったりすることがあります。また、心がうれしいと笑顔になり、体がよく動き、力が湧いてくることがあります。このように心の状態が変化すると体の状態も変化します。

⑧また、体の状態が変化するとどうなるのでしょうか。おなかがすくと、やる気が出なかったり、集中できなかったり、イライラしたりすることがあります。また、よい睡眠ですっきりと目が覚めるとやる気が出て、集中でき、ワクワクするような心の状態になることがあります。このように体の状態が変化すると心の状態も変化します。

⑨全校集会で発表するという出来事を例に考えてみましょう。Aさんは保健委員会の委員です。全校児童の前で、病気の予防について発表することになりました。これまでAさんは、たくさんの人の前で発表したことがありません。うまく発表できるだろうかと心配で不安になり、緊張してきました。すると心臓はドキドキし、体は震え、冷や汗が出てきました。
心と体はつながっているのです。

⑩しかし、Bさんは、みんなの前で発表できるなんて楽しみで、心配もないと思っています。そして体の状態もいつもと変わらずリラックスしています。また、Cさんは、Aさんと同じように心配と不安で緊張していますが、心臓はドキドキしていません。ただおなかが痛くて、朝から何度もトイレに行っています。
同じ出来事でも心や体の変化は人によって異なり、個人差があります。

⑪毎日の健康観察で自分の心と体の変化に気づき、その日の健康状態を知ることで、生活を工夫することができます。ぐっすり寝て、朝ごはんもしっかりと食べ、今日は一日勉強も運動も頑張れるという日もあるでしょう。しかし、そんな日ばかりではありません。かぜ気味の日は、「今日の体育は見学しよう」、落ち込んでいる日は「体を動かしてすっきりしよう」、イライラする日は「お気に入りの本を読んでリラックスしよう」など、その日の体調に合わせた生活を工夫しましょう。

⑫毎朝、学級で行われる健康観察は、自分だけではなく、友達の健康状態も知ることができます。「Dさんはかぜ気味と言っていたから、今日は外ではなく教室で遊ぼう」「かぜ気味の人が増えてきたから、うがいや手洗い、換気をしてみんなで予防しよう」など、健康観察を活用して友達の健康状態を気遣った生活や、病気が広まるのを予防する生活などができるように工夫してください。

「心と体の健康観察」（5・6年）ワークシート

＿＿ 年 ＿＿ 組　名前 ＿＿＿＿＿＿＿＿＿＿＿＿＿＿＿＿

1　あてはまるものに○をつけましょう。

①健康観察について進んで考えることができましたか？

[　　　できた　　　　だいたいできた　　　　できなかった　　　]

②健康観察についてほかの人に伝えることができますか？

[　　　できる　　　　だいたいできる　　　　できない　　　　　]

2　　　　　　　の中にあてはまる言葉を書きましょう。

①健康観察によって、心と体の　　　　　　を早く見つけ、早く　　　　　　を

することができます。

②心の状態が体の症状として現れるなど、心と体は　　　　　　いて、

たがいにえいきょうし合っています。

③健康観察を活用して、友達の生活をサポートしたり、　　　　　　

のを予防したりします。

3　感想や質問を書きましょう。

「心と体の健康観察」（5・6年）ワークシート解説

＿＿ 年 ＿＿ 組　名前 ＿＿＿＿＿＿＿＿＿＿＿＿＿＿＿＿＿＿

1　あてはまるものに○をつけましょう。

①健康観察について進んで考えることができましたか？　◀ **主体的に学ぶ態度**

[　　　できた　　　　　だいたいできた　　　　　できなかった　　　　]

②健康観察についてほかの人に伝えることができますか？　◀ **思考・判断・表現**

[　　　できる　　　　　だいたいできる　　　　　できない　　　　]

2　└──┘ の中にあてはまる言葉を書きましょう。　◀ **知識**

①健康観察によって、心と体の │**異常**│ を早く見つけ、早く │**対応**│ を

することができます。

②心の状態が体の症状として現れるなど、心と体は │**つながって**│ いて、

たがいにえいきょうし合っています。

③健康観察を活用して、友達の生活をサポートしたり、│**病気が広がる**│

のを予防したりします。

指導する際のポイント

　5年生の体育科保健領域「心の健康」の学習内容の「心と体との密接な関係」を保健指導用教材にしました。近年、自分の体や心の不調に気がつかない子どもが見られます。また、日常的な健康観察については学校保健安全法第9条に明記され、2008年、中央教育審議会答申においてもその重要性が述べられています。本教材では、健康観察を保健教育に活かし、子どもたちが主体的に自らの健康について管理できる力を養いたいと思います。

健康チェック をしよう

あてはまるものに✓をつけましょう

- ☐ 頭が痛い
- ☐ おなかが痛い
- ☐ 熱っぽい
- ☐ せきをしている
- ☐ のどが痛い
- ☐ 気持ちが悪い
- ☐ 元気がない
- ☐ だるい
- ☐ ねむい

- ☐ 目がかゆい、赤い
- ☐ 鼻水・鼻づまり
- ☐ 耳が痛い
- ☐ ほおやあごが痛い
- ☐ 皮ふがかゆい、しっしん
- ☐ 関節が痛い
- ☐ けがをしている
- ☐ そのほか（　　　　　　　　）
- ☐ 元気です

MEMO

- 110 -

6章

けがの防止

体が動く仕組み（３・４年）

※シナリオは P114～115 をご参照ください

①

②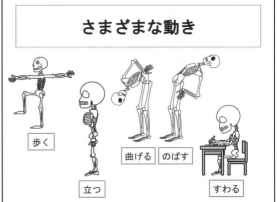

③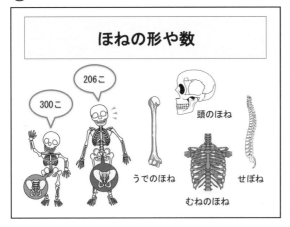

④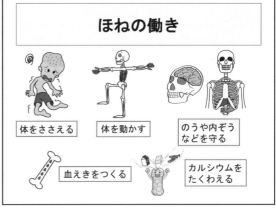

⑤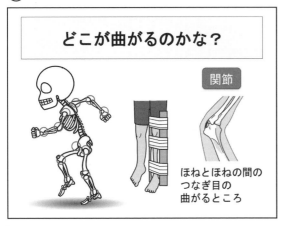

⑥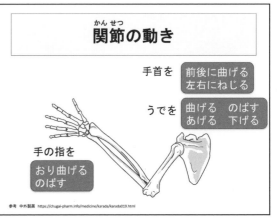

- 112 -

⑦
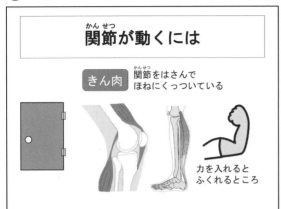

⑧
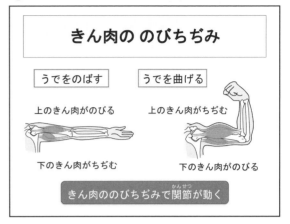

⑨
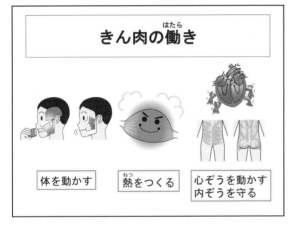

⑩
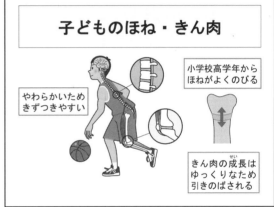

⑪

⑫

体が動く仕組み（3・4年）
～シナリオ～

(一般的な学校をモデルに作っていますので、各学校の状況に応じて変更してお使いください)

①今日は体が動く仕組みについてお話しします。
　突然ですが、自分の心臓に手を置いて「心臓よ。休め」と命令しましょう。
　心臓は休んでくれましたか。いいえ、心臓はしっかり動いていますね。
　では、今度はみなさん両手をあげましょう。はい、下ろしてください。
　心臓と違い、両手は自分の思い通りに動かすことができましたね。

②ほかにも、歩く、立つ、曲げる、伸ばす、座るなど、私たちはいろいろな動きをすることができます。
　この動きをレントゲン写真で見ると、このようになります。

③私たちの体はたくさんの骨からできています。全部で何個あるのでしょうか。
　生まれたばかりの赤ちゃんの骨は300個よりも多いといわれています。
　大きくなるにつれ、骨同士がくっつき、大人になると全部で206個になります。
　また真っ直ぐな形の腕の骨、一見1個の骨のように見えますが、実は23個もの平たい骨からできている頭の骨、鳥かごのような胸の骨、小さなブロックを積み重ねたような背骨など、形も大きさもさまざまです。

④骨にはどのような働きがあるのでしょうか。
　もし骨がなかったら私たちの体はぐにゃぐにゃになります。
　骨があることでしっかりと体を支え、思い通りに体を動かすことができます。また、大切な脳や内臓などを守る働きもあります。
　ほかにも骨の中で血液をつくったり、カルシウムを蓄えたりする働きもあります。

⑤私たちが走るとき、足や腕の骨は真っ直ぐなままではなく、自然と曲がっています。曲がっているところを見つけましょう。
　もし、足首から膝上までを固定したとしたらどうなりますか。まるでロボットのような格好になり、走ることができませんね。
　私たちが走るなどのいろいろな動きができるのは、骨と骨の間に曲がるところがあるからです。この骨と骨のつなぎ目を関節といいます。

⑥手の関節の動きを一緒にやってみましょう。手の指を折り曲げる、伸ばす。手首を前後に曲げる。左右にねじる。腕を曲げる、伸ばす。腕をあげる、下げる。動かしてみて気がついたことはありますか。そうですね。関節は場所によって動き方や動く方向が決まっています。

⑦みなさんはドアを開けるときにはどうしますか。そうですね。ドアノブを持って手で押したり、引いたりしますね。ドアの金具部分（蝶つがい）と関節は似ているように思い

- 114 -

ませんか。関節を動かすためには、骨を引っ張ったり元に戻したりするものが必要です。それが筋肉です。筋肉の端は、関節を挟んで骨にしっかりとくっついています。腕をぎゅっと曲げたときに、膨れて硬くなっているところが筋肉です。一緒に力こぶを作って触ってみましょう。

⑧その腕を伸ばしてみましょう。腕を伸ばすときは、腕の上側の筋肉が伸びて、下側の筋肉が縮みます。次に腕を曲げてみましょう。
　腕を曲げるときは、腕の上側の筋肉が縮んで膨らみ、下側の筋肉が伸びます。筋肉が伸び縮みすることで関節が動き、いろいろな運動をすることができます。

⑨これまでお話ししてきたように、筋肉には体を動かす働きがあります。また、それ以外にも、熱をつくって体温を一定に保つ働きもあります。寒いとき、体がぶるぶる震えるのは、筋肉が震えて体温を上げているのです。さらに、心臓を動かす働きや内臓を守る働きもあります。

⑩子どもの骨や関節、筋肉は大人よりも軟らかく、しなやかですが、十分に育っていないために傷つきやすいのが特徴です。
　また小学校の高学年から中学生にかけて骨の先端の部分がどんどん伸びていきますが、強い力が加わると、筋肉と接している部分がはがれてしまうことがあります。さらに、骨の成長に比べて筋肉の成長はゆっくりであるため、筋肉は引き伸ばされた状態になりやすくなります。
　引き伸ばした輪ゴムが切れやすいのと同じように子どもの筋肉は傷つきやすいのです。

⑪骨や筋肉を強くするには、バランスのとれた食事が大切です。特に小魚や海藻、牛乳やチーズなどのカルシウムを多く含む食べ物や、肉、魚、大豆などの体の中で血や肉になる赤色食品をしっかり食べましょう。また、適度な運動は骨や筋肉を強くします。

⑫今日は骨や関節、筋肉の働きによっていろいろな動きができること、骨や筋肉が伸びて、体が大きくなることを勉強しました。
　骨や筋肉の成長は、主にみなさんがぐっすり寝ている間に起こります。夜ふかしをしてよい眠りがとれないと成長が損なわれてしまうことがあります。骨や筋肉を十分発達させ、丈夫な体をつくり、これからいろいろな運動を楽しむためにも早起き・早寝をして十分な睡眠をとるようにしましょう。

「体が動く仕組み」（3・4年）ワークシート

____ 年 ____ 組　名前 _____

1　あてはまるものに○をつけましょう。

①体が動く仕組みについて進んで考えることができましたか？

[　　　　できた　　　　　だいたいできた　　　　　できなかった　　　]

②体が動く仕組みについてほかの人に伝えることができますか？

[　　　　できる　　　　　だいたいできる　　　　　できない　　　　　]

2　[　　　　]の中にあてはまる言葉を書きましょう。

①ほねには、「体を[　　　　　　]」「体を動かす」「のうや内ぞうなどを守る」

「血えきをつくる」「カルシウムをたくわえる」などの働きがあります。

②きん肉には、「体を動かす」「[　　　　]をつくる」「心ぞうを動かす」「内ぞ

うを守る」などの働きがあります。

③ほねやきん肉の成長のために、早起き・早ねで十分な[　　　　　　]をと

ります。

3　感想やしつ問を書きましょう。

[　　　　　　　　　　　　　　　　　　　　　　　　　　　　　　　]

「体が動く仕組み」（３・４年）ワークシート解説

＿＿ 年 ＿＿ 組　名前 ＿＿＿＿＿＿＿＿＿＿＿＿＿＿

1　あてはまるものに○をつけましょう。

①体が動く仕組みについて進んで考えることができましたか？　◀ **主体的に学ぶ態度**

[　　　できた　　　　　だいたいできた　　　　　できなかった　　　]

②体が動く仕組みについてほかの人に伝えることができますか？　◀ **思考・判断・表現**

[　　　できる　　　　　だいたいできる　　　　　できない　　　]

2　[　　　　]の中にあてはまる言葉を書きましょう。　◀ **知識**

①ほねには、「体を　**ささえる**　」「体を動かす」「のうや内ぞうなどを守る」「血えきをつくる」「カルシウムをたくわえる」などの働きがあります。

②きん肉には、「体を動かす」「　**熱**　をつくる」「心ぞうを動かす」「内ぞうを守る」などの働きがあります。

③ほねやきん肉の成長のために、早起き・早ねで十分な　**すいみん**　をとります。

指導する際のポイント

　骨や筋肉のつくりや働きについては、４年生の理科「人の体のつくりと運動」で学習しますが、５年生の体育科保健領域「けがの防止」の学習と関連させて指導すると効果的です。

　本教材は、パワーポイントの特性を活かして、関節の動きをアニメーションで再現しました。体の仕組みの理解とともに毎日の生活を振り返り、より良い成長につなげていきます。

自分でできるけがの手当（5・6年）

※シナリオは P120～121 をご参照ください

① 自分でできるけがの手当　小学校　5・6年　組

② 学校で起こるけが

③ 大きなけが
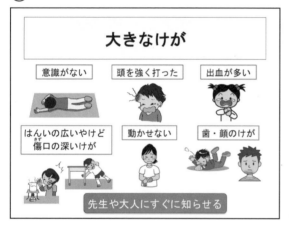

④ 自分でできる手当とは
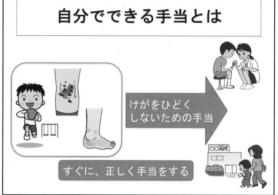

⑤ すり傷の手当
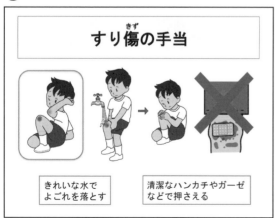

⑥ 切り傷の手当

- 118 -

⑦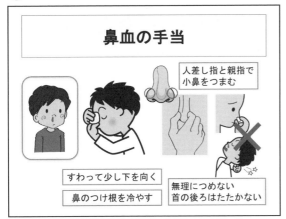
⑧
⑨
⑩
⑪
⑫

自分でできるけがの手当（5・6年）
～シナリオ～

(一般的な学校をモデルに作っていますので、各学校の状況に応じて変更してお使いください)

①もし、みなさんが一人でいるとき、けがをしてしまったら、どんな気持ちになりますか。想像してみましょう。
「痛い」「びっくりする」「どうしたらいいの？」「誰か来て」など、痛みで不安な気持ちになるかもしれませんね。
また、「大丈夫だろう」と思ってそのままにしておくという人もいるかもしれません。
そこで、今日は自分でできるけがの手当についてお話しします。

②これは、ある学校の保健室で、けがの手当を受けた人の記録の一部です。
先生は、けがをした人に「いつ」「どこで」「どうしていたら」「どこが」「どうなった」などの質問を行い、けがの部位やけがが起こったときの様子を確認します。さらに、けがの状態を見たり、触ったり、検査をしたりしてから、適切な手当を行います。
中には、「○○くんがけがをしたのでばんそうこうをください」といって友達が保健室に来ることがありますが、けがの様子がわからない場合はばんそうこうは渡せません。

③それには理由があって、命に関わる大きなけがが起こっているかもしれないからです。
大きなけがとは、呼びかけても意識がない場合や頭を強く打ったけが、出血が多くてなかなか止まらないけが、範囲の広いやけどや傷口の深いけが、ねんざや骨折などが疑われる場合の動かせないけが、歯や顔のけがなどです。
大きなけがは、みなさんが自分で手当できるけがではありません。先生や大人にすぐに知らせてください。

④自分でできる手当とは、先生や家の人、または病院で診てもらうまでの「けがをひどくしないための手当」です。
休み時間に転んでけがをしても何もしないで保健室に来る人や、間違った手当をして来る人がいます。
自分でできる手当は、すぐに正しく行うことが大事です。今から、学校でよく起こるけがの手当について説明します。

⑤すり傷についてです。傷の周りについている土や砂などの汚れを水道水などのきれいな水で洗い流します。傷口は清潔なハンカチやガーゼなどで覆って、血が止まるまで押さえます。汚れたままの傷をばんそうこうなどで覆うと、細菌などによって傷がひどくなることがあるので必ず洗い流すようにしましょう。

⑥切り傷についてです。傷口が汚れている場合はきれいな水で洗います。清潔なハンカチやガーゼなどで押さえて出血を止めます。傷口部分を心臓より高くすると、出血が止まりやすく、痛みも和らぐことがあります。

- 120 -

⑦鼻血についてです。鼻血が出た場合は、椅子などに座って少し下を向きます。人差し指と親指で小鼻という鼻の軟らかいところをクリップのようにつまみます。また、鼻のつけ根のところを水でぬらしたタオルや氷で冷やすと、血管が縮んで早く止まります。鼻の穴に無理やり詰め物をしたり、首の後ろをたたいたりしてはいけません。のどに流れ込んできた鼻血は飲み込まずに吐き出しましょう。

⑧やけどについてです。やけどをした場合はすぐに水で冷やします。衣服を着ている場合も、脱がずに衣服の上から冷やします。すぐに冷やすことでひどくなるのを防ぐことができます。やけどの部分を触ったり、水ぶくれをつぶしたりすると、細菌などによって傷がひどくなります。

⑨打撲やねんざについてです。けがをしたときはすぐに活動を中止し、けがの部位をできるだけ動かさないようにします。足の打撲やねんざの場合は、近くの人に先生を呼びに行ってもらいます。学校以外のところでけがをした場合は、動かしたり温めたりせず、水や氷で冷やします。
　けがをしたところを高くして静かにしていると腫れや痛みを抑えることができます。痛みがなくなっても、けがをした日は活動を中止し、安静にします。

⑩突き指についてです。けがをした指をもんだり、引っ張ったりする人が多いのですが、けががひどくなる恐れがあります。できるだけ動かさないようにして保健室に行きましょう。
　学校以外のところでけがをした場合は、水や氷で冷やします。打撲やねんざと同じように痛みがなくなっても、けがをした日は活動を中止し、安静にします。
　今日はけがの手当について勉強しましたが、どのけがの場合も自分で手当をした後は必ず先生や大人に見てもらいましょう。

⑪ところで、今みなさんのポケットには清潔なハンカチが入っていますか。もしものけがの場合に、素早く、正しくけがの手当ができるように清潔なハンカチをいつも持っておきましょう。また、家の救急箱にガーゼや包帯などが入っているかを、家の人と確認しておきましょう。そして、命に関わるようなけがのときは、119番通報をして救急車を呼ぶことができるように練習をしておきましょう。

⑫そして、けがをしないことが一番大事です。けがを防止するには、生活リズムを整えて健康な心と体をつくること、危険を予測した行動をとること、みんなで危険な場所の確認や声かけをすることで危険を避ける行動をとることです。
　みんなでけがを防いでいきましょう。

「自分でできるけがの手当」（5・6年）ワークシート

___ 年 ___ 組　名前 _____

1　あてはまるものに○をつけましょう。

①自分でできるけがの手当について進んで考えることができましたか？

[　　　できた　　　　　だいたいできた　　　　できなかった　　　]

②自分でできるけがの手当についてほかの人に伝えることができますか？

[　　　できる　　　　　だいたいできる　　　　できない　　　　　]

2　　　　　　　の中にあてはまる言葉を書きましょう。

①すり傷の手当は、初めに 　　　　　　　　 でよごれを洗い流します。

②鼻血の手当は、人差し指と親指で 　　　　 をつまみ、少し 　　　 を向
きます。

③つき指の手当は、もんだり、 　　　　　　　　 せず、水や氷で冷やします。

3　感想や質問を書きましょう。

「自分でできるけがの手当」（５・６年）ワークシート解説

___ 年 ___ 組　名前 _____

1　あてはまるものに○をつけましょう。

①自分でできるけがの手当について進んで考えることが

できましたか？　◀ 主体的に学ぶ態度

[　　　できた　　　　　だいたいできた　　　　　できなかった　　　]

②自分でできるけがの手当についてほかの人に伝えることが

できますか？　◀ 思考・判断・表現

[　　　できる　　　　　だいたいできる　　　　　できない　　　　　]

2　□　　の中にあてはまる言葉を書きましょう。　◀ 知識

①すり傷の手当は、初めに　 きれいな水 　でよごれを洗い流します。

②鼻血の手当は、人差し指と親指で　 小鼻 　をつまみ、少し　 下 　を向

きます。

③つき指の手当は、もんだり、　 引っ張ったり 　せず、水や氷で冷やします。

指導する際のポイント

　５年生の体育科保健領域「けがの防止」の学習内容の一部を保健指導用教材にしました。『保健指導おたすけパワーポイントブック小学校編２』、第５章「保健安全」も参考にしながら、子どもたちが、けがの防止や危険回避行動ができる力をつけるとともに、高学年として学校全体の健康安全に果たす役割についても考え、児童保健委員会の活動などにつなげていきたいと思います。

運動器検しんってなに？（5・6年）

※シナリオはP126〜127をご参照ください

①

②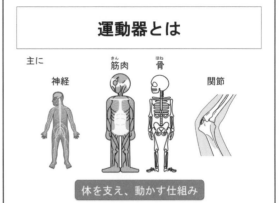

③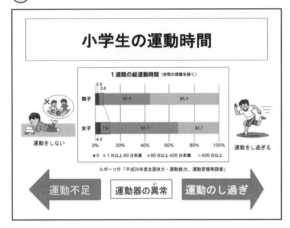

④

⑤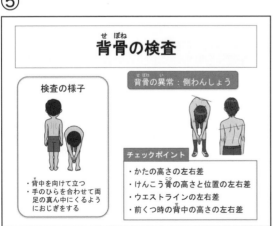

⑥

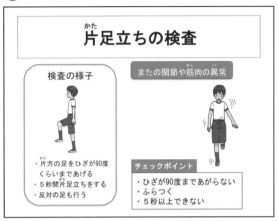

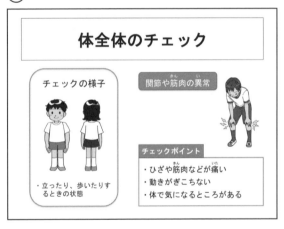

運動器検しんってなに？（5・6年）
～シナリオ～

(一般的な学校をモデルに作っていますので、各学校の状況に応じて変更してお使いください)

①平成28年度より健康診断の項目に運動器検診が追加されました。
　そこで今日は正しく運動器検診を受けるために、その目的や方法についてお話しします。

②運動器は漢字で「運動する器」と書くため、ボールや、バットなどの運動器具を想像するかもしれませんが、そうではなく、体を支えたり動かしたりする私たちの体の仕組みのことで、神経、筋肉、骨、関節などの器官のことをいいます。
　みなさんはこの運動器を使ってしっかり運動していますか。みなさんが運動をするときは、無意識のうちにこれらの運動器を使っています。

③このグラフは体育の時間を除いた小学生の1週間の総運動時間です。1週間に420分以上、つまり1日1時間以上しっかり運動をしている人もたくさんいますが、グラフの赤線で囲んだ部分のように、1週間全く運動をしていない人や運動時間が1週間の合計で60分未満の人もいます。運動をしない生活が続くと骨や筋肉が衰え、足腰の痛みや骨折が起こりやすくなることがあります。
　逆に、毎日、休日も朝から晩まで運動している人もいます。しかし、同じ運動ばかりをし過ぎると一部の筋肉だけが発達して体のバランスが悪くなったり、関節などに痛みが起こったりすることがあります。成長発達の途中にあるみなさんの体は、運動不足も運動のし過ぎも運動器に異常が起こることがあり、将来の生活にも影響を与えます。

④運動器検診では、家の人や保健室の先生の意見を聞きながら、学校医の先生が骨や関節、筋肉などに異常がないかを調べます。
　運動の得意、不得意を調べる検査ではありません。リラックスして正しく検査をするために、今から説明する検査方法を覚えて準備をしておきましょう。

⑤背骨の検査は、骨や内臓の働きに影響を及ぼす側弯症などが隠れていないかを調べるものです。
　手を体の横に沿わせて背中を向けて立ちます。肩や肩甲骨の高さや位置、ウエストラインに左右差がないかを先生がチェックします。
　次にゆっくりとお辞儀をしながら、手のひらを体の前で合わせ、両足の真ん中に来るように上半身を曲げます。このとき、背中の高さに左右差がないかをチェックします。

⑥腰の検査では腰や背骨、筋肉などに異常がないかを調べます。膝の後ろを伸ばして上半身をゆっくりと前に曲げます。床に指がつくまで曲げますが、無理はしません。次に腰に手を当ててゆっくりと後ろに上半身を反らせます。曲げたときに指が床につくか、曲げたり伸ばしたりしたときに腰に痛みがないかをチェックします。

⑦腕の検査では肘や肩の関節などに異常がないかを調べます。「前へならえ」のポーズから、

片方の手のひらを上に向けます。そのまま指の先が肩につくように肘を折り曲げます。両方の腕で確認します。もう一度「前へならえ」のポーズから、両腕をあげて万歳をし、両方の腕で耳を挟むようにします。動かしたときに肘や肩が痛いか、肘の曲げ伸ばしや腕のあげ方に左右差がないかをチェックします。

⑧片足立ちの検査では股の関節や筋肉の異常などがないかを調べます。ふらついて倒れることもあるので、床や周りに危険なものがないかを確認してから行いましょう。両足をしっかり床につけてから、片方の足をゆっくり床から離し、膝が90度になるくらいまであげます。そのまま5秒間片足立ちをします。反対の足も同じように行います。膝が90度まであがらない、ふらつく、5秒以上片足立ちができないなどをチェックします。

⑨しゃがみ込みの検査では股や膝の関節、脚の筋肉などの異常を調べます。この検査もふらついて倒れることもあるので、床や周りに危険なものがないかを確認してから行いましょう。まず手を前に伸ばして立ちます。かかとを床につけたまま、ゆっくりとしゃがみます。ふらついたり、後ろに倒れたりしないか、しゃがむときに、股や膝の関節などに痛みがないかをチェックします。

⑩体全体の骨・関節・筋肉の状態もチェックします。立ったり、歩いたりすると膝などの関節や筋肉に痛みがあったり、動きがぎこちなかったりしませんか。ほかにも気になるところがあれば先生に話します。

⑪運動器検診によってスポーツ障害が見つかる場合があります。スポーツ障害とは、スポーツのし過ぎによる運動器の故障です。誰かとぶつかったり転んだりして起こるすり傷や骨折などのけがとは違います。シャープペンシルで例えれば、床にシャープペンシルを落として壊れるのが「けが」、何度も使っていて中のばねが壊れるのが「故障」です。小学校高学年ごろから走り過ぎによる疲労骨折や膝が痛むオスグッド病、肩が痛むリトルリーグ肩、肘が痛むテニス肘や野球肘などが増えてきます。

⑫スポーツをすることで健やかな体や豊かな心が育ちます。しかし、痛みを我慢して続けていると、関節が変形するなどのスポーツ障害につながる恐れがあります。
痛みがあるときは我慢せずに先生や大人に話しましょう。また、体が硬いために関節や筋肉が動きにくい場合があります。運動前にストレッチングで筋肉や腱を伸ばして軟らかくして、ウォーミングアップをしておくとけがや故障を防ぐことができます。
スポーツの後は、軽くストレッチングをして、氷や水を使ったアイシングを行うと筋肉などの疲れを取り除くことができますが、先生や大人の指導の下でやりましょう。けがや故障に気をつけてスポーツを安全に楽しみましょう。

「運動器検しんってなに？」（5・6年）ワークシート

___ 年 ___ 組　名前 _____

1　あてはまるものに○をつけましょう。

①運動器検しんについて進んで考えることができましたか？

[　　　　できた　　　　だいたいできた　　　　できなかった　　　　]

②運動器検しんについてほかの人に伝えることができますか？

[　　　　できる　　　　だいたいできる　　　　できない　　　　]

2　☐☐☐☐☐　の中にあてはまる言葉を書きましょう。

①運動器とは、神経や ☐☐☐☐☐ 、骨、☐☐☐☐☐ などの器官で、体を支えたり動かしたりする私たちの体の仕組みのことです。

②スポーツのし過ぎによる運動器の故障を、☐☐☐☐☐☐ といいます。

③運動器に痛みがあるときは、がまんしません。☐☐☐☐☐☐ やアイシングを行うと、故障を予防できます。

3　感想や質問を書きましょう。

「運動器検しんってなに？」（5・6年）ワークシート解説

___ 年 ___ 組 名前 _____

1 あてはまるものに○をつけましょう。

①運動器検しんについて進んで考えることができましたか？ ◀ **主体的に学ぶ態度**

[　　できた　　　　だいたいできた　　　　できなかった　　]

②運動器検しんについてほかの人に伝えることができますか？ ◀ **思考・判断・表現**

[　　できる　　　　だいたいできる　　　　できない　　]

2 ▢ の中にあてはまる言葉を書きましょう。 ◀ **知識**

①運動器とは、神経や 筋肉 、骨、 関節 などの器官で、体を支えたり動かしたりする私たちの体の仕組みのことです。

②スポーツのし過ぎによる運動器の故障を、 スポーツ障害 といいます。

③運動器に痛みがあるときは、がまんしません。 ストレッチング やアイシングを行うと、故障を予防できます。

指導する際のポイント

　平成28年度より、運動器検診が始まりました。保健調査票をもとに、家庭で健康状態をチェックすることから、子どもたちに検査方法について十分事前指導をする必要があります。また、スポーツのし過ぎによる運動器の故障について指導することで、早期発見、早期治療が期待できます。なお、地域や学校によって運動器検診の方法が異なるため、実態に応じて変更してください。

おわりに

　今、『保健指導おたすけパワーポイントブック《小学校編》3』を書き終え、ほっとした気持ちと本書への手ごたえを感じ、これまでとは違った達成感を味わっています。

養護教諭が行う保健指導の意義

　本書の根幹となる「養護教諭が行う保健指導の意義」について、学校保健や養護教諭の役割から改めて述べたいと思います。みなさんご承知のように学校保健は、保健管理と保健教育、保健組織活動からなり、保健教育においては、世界保健機関（WHO）のオタワ憲章（1986年）で提唱されたヘルスプロモーションの理念を取り入れています。現行の学習指導要領の総則においても、体育・健康に関する指導は学校教育活動全体を通じて行い、体育科・保健体育科における学習の基盤となっています。

　また、養護教諭は、ほかの教員や保健医療従事者とは異なる専門性に基づいて、子どもたちの心身の健康を守り育てる役割を担っています。養護教諭は学校看護婦を前身としながらも、海外のスクールナースとは異なり、1校専任の教育職員として、保健と教育を一体化させて子どもの健康の保持増進に努めてきました。保健管理とともに子どもたちが生涯にわたって健康な生活を送るための基礎となる力を育成する保健教育に果たす役割は、学校の子どもたちだけではなく、WHOが推進しているヘルス・プロモーティング・スクールの活動として、学校・家庭・地域の連携による社会全体の健康力向上につながります。この養護教諭が行う保健教育の一つに、本書が想定している体重測定時等における短時間の保健指導があります。

　しかし、近年は保健指導を行う時間を確保することが難しくなってきていると聞きます。これを改善するには、養護教諭の持つコミュニケーション力で学級担任や保健主事、管理職に相談することも大事ですが、校内保健部会等で提案し、学校保健計画に位置づけて計画的に実施することをお勧めします。そのためには、自校の子どもの健康課題のデータと保健指導の目的、指導内容や指導方法、評価について記載した提案書を作成するとよいでしょう。また、体重測定時に保健指導を行う有効性や専門性を持つ養護教諭が保健指導を行う効果を説明すると、さらに理解が得やすくなると思います。

パワーポイントブックとともに

　6年前、少年写真新聞社の『小学保健ニュース』の執筆をご縁に、足立英臣様、小池梨枝様よりパワーポイントブックの企画についてご相談がありました。少年写真新聞社では、すでにCD-ROM付き書籍を出版していましたが、イラスト集や保健だより素材等が中心で、パワーポイントによる保健指導教材は初めての試みでした。小学校で保健指導に用いた自作のパワーポイント教材を見ていただきながら、「15分程度の保健指導ならスライドは12枚かな」「自分の学校に応じて書き換えができるものがいいな」「すぐに使えるように指導案ではなくシナリオがいいかも」「事後指導用のワークシートも欲しいね」「低・中・高学年の発達段階別だけど、同じテーマでは物足りないよね」「指導するときのポイントもいるよね」「印刷しやすいように見開き1枚で完結できたらいいな」「イメージしやすいように一部だけでもカラーにしたいな」などと熱く語り合いながら制作し、「忙しい養護教諭のお助けになるようなパワーポイントブックにしたい」その一言から、本書のタイトルが決定しました。

企画後、わずか数か月で一気に書き上げ、黄色に薄ピンクと紫のアクセントが斬新な表紙を見たときの感激は、今でも忘れることができません。そして、すぐに続編が決定し、養護教諭養成に携わる者として、現職養護教諭だけではなく、新規採用者や養護教諭を志望する学生にとってもお助けとなるパワーポイントブックにしたいという思いも加わり、さらに内容を厳選し、シナリオを工夫しました。

　そして、第3弾である本書では、正直生みの苦しみがありました。今回のテーマは、前書で扱っていない内容というだけではなく、現代的な健康問題をテーマに取り上げました。そのため、これまで蓄積していた保健指導教材では対応できない内容もあり、ずいぶん作成に時間を要しました。また、新学習指導要領に準拠しながら保健学習や道徳などで取り扱う内容を短時間の保健指導に再構成し、既存の指導案にない養護教諭の視点を付加して教科学習との差異化を図ることに努めました。そのような中、今回編集を担当してくださった豊島大蔵様、小池梨枝様の冷静で的確なアドバイスによって、新たな気づきが生まれ、また多くの関係者の皆様のご尽力のおかげで本書を完成することができました。心より感謝申し上げます。本当にありがとうございました。

　多くの方々の思いが詰まった本書ですが、最後は手に取ってくださったみなさまの思いを込めて、目の前の子どもたちのための『保健指導おたすけパワーポイントブック』に仕上げていただくことを願っています。

2018年2月　高田恵美子

イベントカレンダー

　1年間の主な保健行事や学校行事などを記載しました。保健指導を行う際の参考資料としてお使いください。

月	保健行事・学校行事など	保健指導例	本書参考ページ
4月	入学式・始業式 健康診断	元気に1日を過ごそう 健康診断の受け方	「みんなで楽しく食べよう」（P32〜） 「運動器検しんってなに？」（P124〜）
5月	健康診断 世界禁煙デー	体クイズ！自分の体について知ろう スモークモンスター	「びょういんたんけん」（P52〜） 「○○○の発達？」（P92〜） 「心と体の健康観察」（P104〜）
6月	歯と口の健康週間 梅雨入り プール水泳	歯を大切にしよう 体を清潔にしよう アタマジラミについて	「不安やなやみとの付き合い方」（P98〜） 「健康をささえる地いきの活動」（P58〜）
7月	梅雨明け 夏休み	夏を元気に過ごそう 熱中症を予防しよう	「なんて言ったらいいの？」（P24〜）
8月	夏休み 鼻の日	きそく正しい生活をしよう 鼻の仕組みと働きについて	
9月	運動会 救急の日	けがをしないように気をつけよう 自分でできるけがの手当	「体が動く仕組み」（P112〜） 「自分でできるけがの手当」（P118〜）
10月	目の愛護デー 薬と健康の週間 衣替え	目を大切にしよう 薬の話 体温調節について	「薬の話」（P64〜）
11月	いい歯の日 トイレの日	丈夫な体を作ろう トイレをきれいに使おう	「大人に近づく体」（P72〜） 「月経ってなに？」（P78〜） 「射精ってなに？」（P84〜）
12月	冬休み 世界エイズデー	寒さに負けず元気に過ごそう エイズってなに	「エイズについて知ろう」（P44〜）
1月	全国学校給食週間 インフルエンザ流行	好き嫌いなく食べよう かぜをひかないようにしよう 窓を開けて換気をしよう	「わたしのこと、友だちのこと」（P12〜）
2月	世界がんデー		「"がん"について知ろう」（P38〜）
3月	卒業式・終業式 耳の日	健康生活の反省をしよう 成長の記録 耳の仕組みと働きについて	「自分らしさってなに？」（P18〜）

MEMO

参考資料

【わたしのこと、友だちのこと】
○『いま子どもたちに育てたい学級ソーシャルスキル小学校低学年』河村茂雄ほか編著　図書文化社

【なんて言ったらいいの？】
○『いま子どもたちに育てたい学級ソーシャルスキル小学校中学年』河村茂雄編著　図書文化社

○『図解　自分の気持ちをきちんと＜伝える＞技術』平木典子編著　ＰＨＰ研究所

【みんなで楽しく食べよう】
○たまごのたまちゃんのしらなかったこと　財団法人日本学校保健会
http://www.gakkohoken.jp/books/archives/77

○学校のアレルギー疾患に関する取り組みガイドライン　財団法人日本学校保健会
http://www.gakkohoken.jp/books/archives/51

○小学生用食育教材「たのしい食事つながる食育」平成28年2月
http://www.mext.go.jp/a_menu/shotou/eiyou/syokuseikatsu.htm

【"がん"について知ろう】
○がん教育推進のための教材　文部科学省
http://www.mext.go.jp/a_menu/kenko/hoken/1369992.htm

○学校におけるがん教育の在り方について（報告）「がん教育」の在り方に関する検討会
http://www.mext.go.jp/a_menu/kenko/hoken/1369993.htm

○患者さんの手記　国立がん研究センターがん情報サービス
http://ganjoho.jp/hikkei/note/04-01-20.html

○私たちの体は細胞でできている　株式会社ジャパン・ティッシュ・エンジニアリング
http://www.jpte.co.jp/stories/story_2.html

○がん登録・統計　国立がん研究センター　http://ganjoho.jp/reg_stat/index.html

○科学的根拠に基づくがん予防　国立がん研究センター
http://ganjoho.jp/data/public/qa_links/brochure/knowledge/301.pdf

○がんの基礎知識　国立がん研究センター　http://ganjoho.jp/public/dia_tre/knowledge/index.html

○平均寿命の長い国　外務省　http://www.mofa.go.jp/mofaj/kids/ranking/jumyo_t.html

【エイズについて知ろう】
○HIV感染症・エイズ　HIV検査普及週間2017　公益財団法人エイズ予防財団
http://www.jfap.or.jp/enlightenment/pdf/HIV_AIDS2017.pdf

○エイズの基礎知識　公益財団法人エイズ予防財団
http://www.jfap.or.jp/enlightenment/pdf/161013_pamph_hp.pdf

【びょういんたんけん】
○全日本病院協会　https://www.ajha.or.jp/guide/6.html

○どうなってるの？　世界と日本　独立行政法人国際協力機構
https://www.jica.go.jp/aboutoda/interdependence/child_world/tomodachi/index.html

○『よくわかる病院 役割・設備からはたらく人たちまで』梶葉子著　ＰＨＰ研究所

【健康をささえる地いきの活動】
○平成28年版 救急救助の現況　総務省消防庁　http://www.fdma.go.jp/neuter/topics/fieldList9_3.html

○救護活動　総務省消防庁　http://www.fdma.go.jp/neuter/topics/filedList9_6/tanpen_anime.html

○地域保健　厚生労働省　http://www.mhlw.go.jp/stf/seisakunitsuite/bunya/tiiki/index.html

【薬の話】
○「医薬品」に関する教育の考え方・進め方　財団法人日本学校保健会

http://www.gakkohoken.jp/book/pdf/H22iyakuhin.pdf

○楽しく学ぼう「くすり」のこと　くすり研究所　日本製薬工業協会
http://www.jpma.or.jp/junior/kusurilabo/index02.html

【大人に近づく体】
○パンダの基礎知識　日本パンダ保護協会　http://www.pandachina.jp/aboutpanda.html

○学校保健統計　平成 28 年度

○国民健康・栄養調査　平成 27 年度

【月経ってなに？】
○『「若者の性」白書 - 第 7 回青少年の性行動全国調査報告 -』
日本児童教育振興財団内日本性教育協会編　小学館

○基礎体温推進研究会　http://kisotaion.org/index.htm

【射精ってなに？】
○『「若者の性」白書 - 第 7 回青少年の性行動全国調査報告 -』
日本児童教育振興財団内日本性教育協会編　小学館

【○○○の発達？】
○東京都教育委員会
「乳幼児期を大切に～心と体の基礎を育てるとき」教材Ⅰ脳と心の発達メカニズム～五感の刺激の大切さ～
http://www.nyuyoji-kyoiku-tokyo.jp/download_other_front1.html

【不安やなやみとの付き合い方】
○「ストレスマネジメント理論による心と体の健康観察と教育相談ツール集」
平成 25 年度　小学生・中学生の意識に関する調査　青少年（小・中学生）を対象とする調査の結果　内閣府
http://www8.cao.go.jp/youth/kenkyu/thinking/h25/junior/pdf/b2-1.pdf
『「へこたれない心」を育てるレジリエンス教材集〈2〉主に小学校高学年～中学校向き』深谷昌志監修　上島博ほか著

【心と体の健康観察】
○「教職員のための子供の健康観察の方法と問題への対応」文部科学省

【体が動く仕組み】
○からだのしくみ　関節　中外製薬　https://chugai-pharm.info/medicine/karada/karada019.html

【運動器検しんってなに？】
○公益財団法人 運動器の 10 年・日本協会

○「学校での運動器検診お役立ちコンテンツ」公益財団法人運動器の 10 年・日本協会
http://www.bjd-jp.org/medicalexamination/guide_4.html

【指導のポイント】
○平成 29 年度全国学力・学習状況調査報告書・調査結果資料　国立教育政策研究所
http://www.nier.go.jp/17chousakekkahoukoku/index.html

○自殺総合対策大綱 平成 29 年 7 月 25 日　厚生労働省
http://www.mhlw.go.jp/stf/seisakunitsuite/bunya/0000131022.html

○いじめ防止等のための基本的な方針 文部科学大臣決定 平成 29 年 3 月 14 日最終改定
http://www.mext.go.jp/component/a_menu/education/detail/__icsFiles/afieldfile/2017/04/05/1304156_02_2.pdf

○小学校学習指導要領解説 文部科学省 平成 29 年
http://www.mext.go.jp/a_menu/shotou/new-cs/1387014.htm

○中学校学習指導要領解説 文部科学省 平成 29 年
http://www.mext.go.jp/a_menu/shotou/new-cs/1387016.htm

○保健学習推進委員会報告書 第 3 回全国調査の結果 公益財団法人日本学校保健会 平成 29 年 2 月
http://www.gakkohoken.jp/book/ebook/ebook_H280040/index_h5.html

○高等学校学習指導要領解説 文部科学省 平成 21 年
http://www.mext.go.jp/a_menu/shotou/new-cs/youryou/1282000.htm

著者紹介

高田 恵美子（たかた えみこ）
畿央大学 教育学部 現代教育学科／畿央大学大学院 教育学研究科 教授

2003年、奈良女子大学大学院人間文化研究科人間行動科学専攻教育文化情報コース修了。
奈良県公立小学校養護教諭、奈良県教育委員会事務局保健体育課指導主事、関西女子短期大学養護保健学科准教授を経て現在に至る。
大学では、養護学、学校保健、健康教育を専門分野とし、養護教諭を養成している。

2011年、養護教諭制度70周年記念学校保健功労者文部科学大臣表彰受賞。

保健指導おたすけパワーポイントブック《小学校編》3
〜書きかえも自由自在〜

2018年 2 月20日　初版第 1 刷発行
2023年11月10日　初版第 3 刷発行
著　者　高田恵美子
発行人　松本　恒
発行所　株式会社 少年写真新聞社
　　　　〒102-8232　東京都千代田区九段南 3 - 9 - 14
　　　　Tel（03）3264-2624　Fax（03）5276-7785
印刷所　大日本印刷株式会社
ⒸEmiko Takata 2018 Printed in Japan
ISBN 978-4-87981-632-0　C3037

本書の訂正・更新情報を、弊社ホームページに掲載しています。
https://www.schoolpress.co.jp/「少年写真新聞社 本の情報更新」で検索してください。

本書を無断で複写・複製・転載・デジタルデータ化することを禁じます。
乱丁・落丁本はお取り替えいたします。定価はカバーに表示してあります。

スタッフ　編集：豊島大蔵、小池梨枝　DTP：金子恵美　校正：石井理抄子　装丁：小野寺春香　イラスト：細尾沙代、SeDocシステム部／編集長：東由香